La guerre en vacances

Du même auteur

Court serpent, Gallimard, 2004. Grand prix du roman de l'Académie française 2004.

Un roi, une princesse et une pieuvre, illustrations de Nicole Claveloux, Gallimard Jeunesse, 2005. Bourse Goncourt Jeunesse 2006.

Coup-de-Fouet, Gallimard, 2006.

Chien des os, Gallimard, 2007.

Vue mer, Gallimard, 2009. Grand prix de la Mer 2009 de l'Association des Écrivains de langue française.

Salaam la France, Gallimard, 2010.

Mauvais signe, Gallimard, 2012.

Long-courrier, Gallimard, 2013.

Le Cauchemar de Winston, Le Rocher, 2014.

Bernard du Boucheron

La guerre en vacances

éditions du
ROCHER

Éditions du Rocher
28, rue Comte Félix Gastaldi
BP 521 - 98015 Monaco

www.editionsdurocher.fr

ISBN : 978-2-268-08481-7

Ces pages sont vouées aux frivoles
sans qui l'Histoire se fait.

And country houses at the end of drives.
W. H. Auden

TROIS SIÈCLES

1

J'ai vécu trois siècles.

Mon premier siècle appartient à la version française et catholique de l'ère victorienne. On a aujourd'hui du mal à concevoir l'austérité qui régnait dans nos familles. Parler d'argent était considéré comme vulgaire, par conséquent interdit. Le divorce n'existait pratiquement pas, l'adultère était exceptionnel, et la virginité des filles un infrangible postulat. Certes, il n'était pas interdit aux jeunes hommes de « jeter leur gourme ». La gourme était la version catholique du sperme. Il y avait pour cela les veuves, les femmes du peuple, et quelques filles légères par profession. Le bordel était hors limites, pour des raisons d'hygiène plus que de morale. Il était réservé au prolétariat souffrant dans sa version sordide et aux lords anglais dans sa version luxueuse.

La religion, omniprésente, opprimait sans étouffer tant elle était intériorisée. Mais c'était la moins *cul-bénit* des piétés. On laissait le prêchi-prêcha spirituel aux spécialistes qu'étaient les prêtres, qui ne s'y risquaient guère. Seuls comptaient le rituel et la morale pratique. On considérait avec méfiance les mysticités subdélirantes, la foi aveugle dans les miracles, les apparitions et les stigmates, l'odeur de sainteté qui n'était que celle de l'haleine cétonique fréquente chez les enfants nerveux, Anne de Guigné, Guy de Fontgalland, la troupe des petits illuminés à particule sur lesquels leurs parents faisaient écrire et publier des livres pieux.

Les révoltes juvéniles étaient rares et muettes. Les interdits les plus étranges étaient strictement respectés. La plupart des époux catholiques pratiquaient encore la fécondité naturelle, huit à dix enfants par foyer, bien avant que l'encyclique *Casti Connubii* (« Du mariage chaste ») eût codifié l'obsession sexuelle du clergé italien en assimilant les précautions anticonceptionnelles à la *honteuse licence de la prostituée.* On blâmait l'infécondité du peuple, motivée par le souci d'économiser sur la dépense plutôt que d'économiser sur le sang de leur progéniture s'il survenait une nouvelle guerre.

Les risques de profanation eucharistique donnaient lieu à des mises en garde menaçantes. On décrivait avec détails la nécessité d'être à jeun pour communier, l'interdiction de toucher l'hostie avec les dents, l'obligation littéralement infernale de se présenter à la Sainte Table en état de grâce, c'est-à-dire sans péché mortel, tous les péchés de quelque gravité étant classés dans cette catégorie. Farfouiller entre les jambes d'une petite cousine en jouant à cache-cache dans le noir : péché mortel. Se laisser faire quand on est la petite cousine : mortel. Nier quand on était pris sur le fait, en excipant d'un jeu innocent de docteur avec sa malade : mortel. Mentir sur ses résultats scolaires, copier en classe, voler les billes d'un camarade : mortel. S'il y avait eu un super-enfer cinq fourches pour pécheurs de première classe, les masturbateurs y auraient été tout droit, bien qu'ils fussent punis dès leur séjour terrestre par toutes sortes de calamités : langueur ataraxique, dissolution des facultés intellectuelles, pertes de mémoire, dents qui se déchaussent, cheveux rares avec pelade, descendance accablée de tous les maux. D'où les efforts pour éviter la communion, et l'importance de la véritable industrie qu'était la confession, qui lavait tout jusqu'à la prochaine fois. Une annexe aux livres de messe donnait la liste de péchés recommandés. La luxure y prédominait, bien sûr, avec litotes (« péchés contre la pureté »), mais la simonie dans les indulgences figurait en bonne place. C'est de ce péché élégant que, faute de mieux, se prévalut un jour un de mes oncles, futur conseiller diplomatique de Paul Reynaud pendant la débâcle et futur brillant diplomate.

Ceux qui se plaignent de la dureté des temps présents n'ont aucune idée de la pauvreté qui régnait alors en France. Le peuple qui se fond aujourd'hui dans la foule en jeans et en baskets trimbalait un stéréotype sinistre, casquette liserée de crasse, pantalons de quatorzième main aux genoux en sac à patates, regard mauvais, qu'on devine sur les photos de 36. On ne rencontrait pas le peuple dans le métro : il n'avait pas les moyens. La moitié de Paris vivait dans la misère. C'est sans nostalgie qu'on se rappelle les cris des « petits métiers » des rues :

Peaux d'lapin, peaux…
Marchand d'habits, chiffons,
Ferraille à vendre…

Certains s'attendrissent sur ce qu'ils prennent pour des chansons. C'étaient des cris de détresse.

2

Âgé de cent ans, j'entrai d'un pied circonspect dans le XXe siècle après la libération de Paris. Mais le siècle n'éclata vraiment qu'après la mort d'Hitler.

Le débat d'idées donnant lieu dans notre pays à des comparaisons absurdes, il devint de rigueur de considérer le communisme comme moins criminel que le nazisme. Cette opinion a la vie dure. Tel académicien me confiait, récemment encore, avec l'autorité de son talent, que le communisme était « une belle utopie ».

C'est fort bien ainsi. Le communisme a duré soixante-dix ans et conquis un tiers de l'humanité, alors que son rival est resté confiné à l'Europe qu'il n'a tenue que partiellement pendant quatre ans. C'est à son rayonnement moral, et à ce petit air respectable qui fait qu'on le respecte encore vingt-cinq ans après sa disparition, que le communisme doit sa supériorité.

On comprend qu'une religion fondée sur une fantaisie arithmétique (nous sommes la masse) et une téléologie sociale (la disparition des classes) se soit révélée plus solide qu'une idolâtrie qui mélangeait le passéisme d'un bric-à-brac teutonique avec l'acculturation des instincts carnassiers de l'espèce humaine.

Avec Staline, l'humanité était dans ses meubles. On savait à qui on avait affaire. Je me souviens d'avoir appris sa mort entre deux corvées de pluches (dont, étant sous-off, j'étais responsable sans y participer), et d'en avoir ressenti quelque mélancolie. Il était l'héritier des grands despotes orientaux du Moyen Âge, avec les tanks, les avions et le téléphone en plus. Il descendait d'Attila, de Gengis Khan, de Tamerlan. Il retroussait sa moustache avant de se ruer sur ses victimes. C'était un bon vivant plutôt sympathique, qui tuait pour alimenter une passion simple, le goût du pouvoir cadastral. Aucun sadisme, aucune philosophie, un rêve court plein de femmes, de vodka et de caviar dont une idéologie simple et claire était l'outil. On se serait cru dans la steppe de Karakoroum. Comme Gengis et ses fils, il étouffait ses ennemis sous des tapis de feutre pour respecter la tradition. Son réalisme bon enfant lui a constamment fait rechercher un compromis avec

Hitler, notamment via Mme Kollontaï, son ambassadeur en Suède, jusqu'au moment tardif où la victoire lui a paru certaine. Il exterminait les opposants et les juifs, déportait les Allemands de la Volga, faisait couper en morceaux les Arméniens par les Turcs et les Tatars par les Cosaques dans un esprit de scrupuleuse continuité avec l'œuvre des tsars. Il y avait un côté cucul et nul de petit pope haineux dans les cérémonies du règne. Des vieillards y abritaient leur carcasse, tremblante de peur et de froid, dans de grandes houppelandes en feutrine et sous des chapeaux à larges bords que la neige transformait peu à peu en des espèces de yourtes. C'était le gouvernement des cadavres, et il y avait dans tout ceci quelque chose de rassurant, de paisible et de normal, tout à fait digne de s'attirer la sympathie des intellectuels et des artistes occidentaux, qui, les pieds bien au chaud dans leur chancelière, songeaient avec férocité aux rigueurs de la Sibérie bien méritées par les bourgeois.

En face de quoi, quelle impénétrabilité celle d'Hitler ! Aucune des explications fournies par les historiens n'emporte la conviction. Comment ce petit brachycéphale brun, avec sa chemise de nuit, oui, sa *chemise de nuit* à ganse rouge et ses costards de comptable, a-t-il pu, jusqu'au sacrifice suprême, faire rêver un grand peuple, de haute et ancienne civilisation, avec des fariboles biologiques et des reconstitutions wagnériennes d'une culture néo-viking de carton-pâte ? Si l'Antéchrist existait, c'est là qu'il faudrait le chercher. Il aurait peuplé de vide cet homme-là. Ce qu'on devine à travers les biographies, c'est le vide absolu de l'être intérieur, bulle de volonté sans contenu, hôte de choix pour la possession. Le Grand Négateur aurait-il occupé la place ainsi laissée libre, dans un dessein dont le non-sens même aurait constitué toute la signification ? L'incohérence hitlérienne est un tourment pour la raison. L'homme piquait son roupillon après le déjeuner en ronflant au coin du feu, avant de donner des ordres d'une précision maniaque sur la progressivité avec laquelle la corde à piano devait étrangler les pendus. Puis, après avoir caressé Blondi, sa chienne, et pris une photo d'Eva Braun, ou de Magda Goebbels avec ses cinq enfants dont il était le tonton gâteau, « l'oncle Adi », il devenait le tonton flingueur, éructait la bave aux lèvres des ordres inapplicables devant des généraux pétrifiés. Le plus étrange fut que les ordres inapplicables ont été appliqués avec succès pendant plus de trois ans par un état-major qui n'y croyait pas. Puis il y avait la cérémonie du thé, comme au Japon ou dans un manoir anglais. Quand le chef ne se lançait pas dans un de ses monologues cosmiques, il restait avachi sur son fauteuil, les yeux au plafond, une main sur le cou de sa chienne ; personne ne lui adressait la parole, ni ne prêtait attention à lui, et des hommes qu'il allait condamner à mort dans l'heure échangeaient par petits groupes des futilités sur un ton si bruyant que le maître parfois sursautait dans son sommeil. Venait ensuite le dîner, végétarien et d'une austérité spartiate, où la soupe aux choux précédait la purée quand les pommes de terre bouillies ne précédaient pas le chou à l'étuvée. On buvait de l'Apollinaris pour la gaîté, avant que le grand chef se replonge dans une conférence d'état-major avec éructations, laquelle durait jusqu'à 5 heures du matin. Les participants dormaient debout en titubant et en murmurant par instants des «*Ja*, *Ja*» que le hasard faisait parfois tomber juste. C'était le gouvernement des somnambules ; il a fallu pour les réveiller cinq cents millions d'hommes dont cinquante millions de soldats. Oncle Adi aimait la musique de cirque et les films américains, des comédies de niveau zéro qu'il regardait tous les jours en les interdisant à son peuple. Oncle Adi ne travaillait jamais : il passait de somnolences digestives en transes de prophète, et il s'intéressait encore, sous les ruines de son empire, aux projets d'urbanisme fou concoctés par Albert Speer. C'était le gouvernement des architectes qui démolissaient tout. Ça n'a pas duré. Après un mariage au champagne, oncle Adi a fait tuer ses neveux et nièces bien-aimés par leurs parents qui se sont ensuite tués eux-mêmes. Il a revolverisé la belle Eva, qui aimait tant les promenades en Mercedes, et dont il avait la veille même fait fusiller le beau-frère ; puis il a tourné, comme on dit, son arme contre lui-même. Huit ans plus tard, Staline mourait dans son lit au milieu de la consternation universelle.

La fable n'ayant pas de moralité, on peut tenir pour certain qu'elle ne sera jamais réécrite. Il y aura çà et là des criailleries contre les juifs, tôt étouffées par le bon sens démocratique. Plus durables seront les xénophobies anti-arabe, anti-africaine et anti-asiatique, qu'on feindra de croire héritées du nazisme, dont pourtant l'absence de densité idéologique rend la résurrection improbable.

Il en va tout autrement du communisme. Des millions de petites vestales veillent, la lampe à la main, à la pérennité de la religion des pauvres. On voit s'approcher le moment où l'islamisme viendra s'y substituer, le Coran prenant à coups de kalachnikov la succession du matérialisme dialectique. Israël veille, prêt à déclencher la foudre.

Le cercle sera alors refermé : les juifs martyrisés deviendront les protecteurs du monde.

C'est à partir de la mort d'Hitler que les jeunes filles françaises commencèrent à coucher. Elles y étaient incitées par la pénurie de tissu, qui découvrait la jambe au-dessus du genou. Elles y allaient avec *prudence et modération* ; rares étaient celles qui passaient de bras en bras. La progression des garçons vers le succès suivait une courbe parabolique – plus on s'approchait du but, et plus on s'en approchait vite, comme l'univers dont l'expansion s'accélère à mesure qu'il s'éloigne de son point d'origine – tandis que les débuts, parfois laborieux, étaient baignés d'une douceur exquise où la jeune fille feignait de croire que le garçon n'était pas pressé tandis que le garçon faisait semblant de ne pas l'être. C'était l'amour courtois, poussé jusqu'à une conclusion, jamais atteinte au Moyen Âge, où le charme de la lenteur s'alliait au délice de la précipitation. On perdait son temps sans le gaspiller.

Les Américaines étaient une autre affaire. Elles arrivaient en bandes pépiantes de leurs collèges au coût et au luxe monstrueux, dans le sillage de Jacqueline Bouvier (la future Mrs John Kennedy), chaussées de ballerines pour éviter de nous humilier par leur grande taille, la poitrine en obus et les cheveux à la ceinture. Elles attachaient à leur virginité une valeur sacro-sainte et la défendaient avec férocité. Comme elles aimaient le flirt et la provocation, les tête-à-tête tournaient à la lutte gréco-romaine. On en sortait moulus et trempés de sueur comme des athlètes oints pour le combat. Le premier qui dit qu'il a eu une Américaine de ce temps-là, je lui crache à la figure en le traitant de vantard.

Par comparaison, les Françaises prenaient des risques inouïs. C'était avant la pilule, et les préservatifs en étaient à l'enfance du latex. La rareté des grossesses indésirées rendait hommage à l'agilité des garçons.

Il y avait mon camarade de classe Badinter. Il était beau, avec une dent noire. Il donnait des leçons sans rien dire, simplement en rigolant. J'ai le souvenir d'un exposé oral sur les gouvernements, sujet moins vaste qu'il n'y paraît, où, avec une naïveté dont je suis revenu, j'avouais préférer ceux qui sont conservateurs par goût du progrès à ceux qui sont révolutionnaires par tradition. Badinter s'était levé pour applaudir en se tordant de rire. Nous nous aimions bien, c'est-à-dire moi lui plus que lui moi, car il était plus intelligent, comme la suite l'a montré, conformément à l'adage américain : « Si t'es si malin, pourquoi t'es pas riche[1] ? » Il faut se méfier des généreux qui ne donnent pas tout aux pauvres. Un jour il ferait abolir la peine de mort pour épargner aux avocats le spectacle insoutenable des exécutions capitales.

Déjà le communiste perçait sous le philosophe. C'est que le XXe siècle, non content d'être celui des jeunes filles, était celui des communistes. Je me laissais traîner par amitié dans d'immenses réunions, salle Pleyel ou salle Wagram, où l'on cherchait du regard l'estrade à travers le brouillard des cigarettes. Des zombies fulminants y refabriquaient l'histoire avec une minutie d'horlogers, traîtres inventés contre héros imaginaires. Vers trois heures du matin, hagards et plus racornis que des harengs saurs, nous nous retrouvions autour des panachés d'après meeting. Les arguments fusaient comme des poires pourries. La suprématie des communistes éclatait : ils n'avaient jamais tort puisqu'ils étaient dans l'indémontrable ou, mieux encore, dans le fictif. Des logiciens moins fous que les autres commençaient à tailler leurs plumes pour gloser sur les systèmes fermés.

1. *If you're so smart, why ain't you rich ?*

Comme le communisme rendait élégant ! Le regard à la sainte Thérèse (Avila, pas Lisieux), des tonnances façon Lacordaire, amorties pour montrer qu'on reste calme, la gestuelle à la fois péremptoire et refrénée. Un attrape-filles aussi peu résistible que le serait plus tard un roadster garniture cuir peint British Racing Green.

3

Le XXIe siècle commença en fanfare le 10 mai 1968. Les jeunes bourgeois allaient rue de la Planche en Triumph TR4 (roadster, voir plus haut) brûler les Triumph TR4 des autres pour faire des barricades. Ils n'avaient pas prévu qu'on brûlerait aussi leur propre TR4 au nom de la révolution qu'ils étaient venus faire. Les jeunes filles montaient sur les carcasses fumantes avec des airs de Jeanne d'Arc. Elles étaient plus courageuses que les garçons devant les murailles d'Altuglas bleu des CRS et sous les tirs de grenades à effet de souffle. Les idées des insurgés étaient excellentes. Seule péchait la méthode. Abolir, supprimer, détruire : parfait, puisque à l'évidence l'existant n'était pas satisfaisant. Ouvrir les prisons et fermer les tribunaux, museler les profs et zigouiller les patrons, qui disait mieux ? Les difficultés commençaient lorsqu'on proposait, à juste titre, d'abolir les abolitions, de supprimer les suppressions, de détruire les destructions.

Anéantir le langage, pourquoi pas, mais qu'allaient devenir les merveilleuses parlottes des assemblées générales ? Faire donner l'enseignement aux enseignants par les enseignés, magnifique, mais que devenaient dans cette affaire la suppression de l'enseignement lui-même, la fin des cours, des devoirs et des classements, les grandes vacances perpétuelles ? Ils n'avaient pas compris qu'on ne pouvait supprimer *d'abord* ce qu'on voulait remplacer *ensuite.* Arrivèrent alors les adultes, avec de gros bidons d'essence pour rouvrir la route des plages asséchée de carburant par les grèves (la palabre avait duré jusqu'à fin juin), qui entreprirent aussitôt d'*ajouter* du nouveau à l'*ancien* qu'on était bien obligé de conserver. Cette formule s'avéra la seule capable de sauvegarder le foutoir français, et tout le monde partit nager content.

Entre-temps, on avait proclamé la libération des femmes. Il était temps. Comme toute proclamation, celle-ci ne faisait que confirmer un acquis antérieur, car la pilule était en vente depuis deux ans. L'activité génésique des vacanciers s'enflamma ; il en résulta une poussée de la natalité : les Françaises ne savaient pas compter.

L'invention la plus extraordinaire du joli mai fut celle des cierges qu'on fait brûler dans les églises sans les payer. Cette dévotion par le larcin est un chromo de la postmodernité.

LE BON JEUNE TEMPS

1

C'était le temps du Curémail, de la Ouate Thermogène et de la Glyco-Thimoline ; le temps, donc, des pâtes à nettoyer qui rayaient les baignoires sans les nettoyer, des révulsifs qui rendaient phtisiques les enrhumés, des gargarismes pour angines de Vincent, angines phlegmoneuses, angines pultacées, qui ne soignaient rien et affaiblissaient les malades en les faisant vomir.

Les médecins consultaient à domicile. On les jugeait sur la compassion manifestée au bord du lit. Le stéthoscope était alors inconnu. Ils auscultaient en posant l'oreille à cru sur les thorax ; leur barbe grattait. Ceux qui la rasaient utilisaient un rasoir sabre ; leurs poils picotaient car le sabre ne coupait pas ras. Ils portaient des guêtres beiges et des chapeaux Eden, ingénieux compromis entre le melon et le mou. Ils sentaient le sirop pectoral et la brillantine, dont l'odeur mêlée montait aux narines pendant l'auscultation : c'était l'odeur de la maladie.

Terrible question : que se passait-il dans la conscience des médecins d'alors ? Ils savaient tout et ne guérissaient rien. La connaissance des pathologies était aussi avancée que la thérapeutique était impuissante. Quels tourments devaient endurer ces hommes qui vivaient, sans l'avouer, dans un labyrinthe de condamnations à mort !

Sur le front social, c'était le calme. On attendait dans l'insouciance le rouleau compresseur bolchevique. À l'heure du thé, les dames à voilette discutaient entre elles sur l'opportunité de « chauffer leur petite bonne » ; celles, du moins, qui n'avaient qu'une petite bonne au lieu de l'irremplaçable, de la tonitruante, de l'omnicompétente domestique multifonctions pour laquelle on ne se posait pas de question. Celle-là comprenait tout, et savait donc qu'elle ne serait jamais chauffée. Elle se contentait d'avoir chaud pendant ses heures de service.

Les costauds en tandem n'avaient qu'une semaine de cong' pay' : la place restait libre pour les vacances des riches qui venaient galoper sur les plages à marée basse.

Les chaisières, espèce chérie, se divisaient en deux sous-espèces : les ratichonnes et les dragons. Les ratichonnes faisaient payer les chaises à l'église. On espère, sans en être sûr, qu'elles gardaient pour elles le principal de la recette. Elles étaient douces, silencieuses et grisâtres. On n'avait jamais le compte rond, de sorte que les radins s'arrangeaient pour ne pas payer, tandis que les généreux arrondissaient la somme avec un « gardez la monnaie » seigneurial. Les dragons officiaient dans les parcs, et particulièrement « au Parc », le parc Monceau, parc absolu de notre enfance. Soupçonnant toujours la fraude chez les promeneuses et la malfaisance chez les enfants, elles inspiraient une crainte salutaire : c'est là qu'on apprenait, à la dure, que l'argent ne se trouvait pas sous les pas d'un cheval, ou plutôt d'un âne, animal fétiche des parcs. Pas d'argent, pas de chaise. Il y avait une différence de statut, et donc de prix, entre la simple chaise munie d'un siège étroit en tôle ajourée à l'estampeuse, avec des trous en forme de cœur, et le fauteuil, à l'assise plus large, équipé de deux bras. Les promeneuses des enfants ramenards se payaient un fauteuil avec les sous de la patronne. Les enfants à promeneuse sans chaise les regardaient avec envie. C'est qu'en même temps que de la valeur de l'argent, on faisait l'apprentissage du snobisme.

Mais tout s'effaçait à l'ombre de la statue du commandeur, le gardien de square. On appelait ainsi aussi bien le gardien de parc que celui de cette espèce inférieure d'espace vert qu'était le square, le plus souvent rond malgré son appellation anglaise qui signifie « carré ».

Ces hommes vêtus d'un uniforme vert et coiffés d'un képi étaient, derrière les grilles à hampe dorée, les images de l'autorité. Dans cette capacité, ils siégeaient au-dessus des pères déjà quelque peu affaiblis par les bouleversements apportés aux mœurs par la guerre de 1914-1918 et le Front populaire de 1936. (On parlerait aujourd'hui de révolution etho-sociétale.)

Le poste de gardien de square était un « emploi réservé » aux petits fonctionnaires blessés pendant la guerre, comme en témoignait, parmi eux, le nombre de mutilés. L'infirmité n'empêchait pas les poursuites accompagnées de coups de sifflet qui sanctionnaient les délits de parc des garnements. Les pelouses étaient interdites, et signalées comme telles par des écriteaux péremptoires. Le bénéfice était double : premièrement l'herbe était impeccablement veloutée, d'un vert uniforme, sans ces plaques chauves où eût transparu la terre sous-jacente comme la peau d'un crâne à travers des cheveux trop rares ; et surtout, elle multipliait les occasions de transgressions à l'attrait délicieux, consistant à marcher dessus lors des parties haletantes de cache-cache-courant. Si l'on était pris sur le fait, on était traîné par la main vers la rotonde de la grille Monceau, entourée de colonnes doriques épaissement campées sur leurs socles comme les politiciens pas trop sûrs d'eux-mêmes le seraient plus tard dans leurs baskets. Nous nous interrogions sur cet édifice tenant de la poterne et de la conciergerie avec son dôme et son style néoclassique tardif. Était-ce une caserne où étaient cantonnés les hommes en vert ? Quelle chance était la leur de vivre au Parc dans ces lieux chargés de mystère ! Ou n'était-ce pas plutôt la prison d'où viendraient nous tirer nos parents moyennant caution ? L'heure du châtiment venue, nous étions déçus de n'y trouver qu'un petit bureau sentant la sueur et le tabac froid, et deux ou trois chiottards puants interdits au public. Nos esprits prosaïques supposaient qu'on y avait accès, avec permission des gardiens et quelque monnaie, si survenait un appel pressant de la nature excédant la destination des immondes urinoirs malicieusement édifiés aux endroits les plus romantiques du Parc. On nous libérait après admonestation et menace de nous conduire au commissariat en cas de récidive. La bénignité de la punition et la rudesse bonhomme des gardiens n'empêchaient pas qu'ils nous inspirassent une sainte terreur. C'était avant l'époque où les règlements se mirent à avoir pour unique objet d'encourager à faire ce qu'ils feignent d'interdire.

C'est ainsi que j'appris le respect de l'autorité qu'entre potaches nous appelions « fayotage ».

2

J'étais snob comme tous les enfants.

Ce fut, avant la lettre, une initiation brutale aux subtilités du marketing. Il fallait avoir une bicyclette Alcyon. On m'avait donné ce qu'on appelait alors une *sous-marque* dénommée Aquilon. Que ce fût la même machine importait peu : le préfixe *sous* lui enlevait tout prestige comme (je l'appris plus tard) dans les mots « sous-fifre », « sous-admissible » et « sous-secrétaire d'État ». L'aspect était exactement celui d'une Alcyon, à l'exception de l'écusson infamant qui figurait sur le fût du guidon. J'ignorais l'univers platonicien où tout est dans l'idée. L'idée de bicyclette se confondait avec l'espèce sensible de l'Alcyon. La plupart de mes amis possédaient des Alcyon, et de ce fait devinrent mes ennemis. Leur compagnie m'infligeait une humiliation insupportable. Les courses à bicyclette étaient perdues d'avance. Même à pied, nous nous regardions avec méfiance. Les autres jeux étaient corrompus par la question cycliste. Pourtant, la nature était là, qui invite et qui aime les jeunes garçons. Quand j'étais seul, ou avec un copain sans bicyclette, je faisais des barrages dans les ruisseaux, comme un petit castor. Pieds nus, on se coupait sur les tessons, car en ce temps lointain injustement idéalisé par les historiens qui n'y étaient pas, on jetait déjà des canettes de bière dans les ruisseaux. Le médecin du village posait des agrafes. On restait quelques jours le pied emmailloté, sans pouvoir aller au ruisseau. On pleurait. C'était le bon temps.

Car c'était une enfance heureuse, parfaitement morne, d'une paisibilité absolue, avec des désirs paralysés par l'irrecevabilité de la moindre réclamation. La convoitise était réduite au minimum. On jouait à l'auto avec des chaises renversées dont le siège figurait le tableau de bord, vroum-vroum, ou à la moto, à califourchon sur la balustrade du jardin avec une planche en guise de guidon, bram-bram. C'était gratuit et sans danger. L'avantage du danger virtuel, c'est qu'il n'atteint pas la conscience : quelle surprise et quelle terreur, lors de mon premier tour derrière un ami pilotant sans permis la Terrot de son père (la marque Terrot, ça ne vous dit rien ? C'était l'Alcyon des motocyclettes).

L'horizon du désir était borné par le train électrique, sorte de Graal du jouet qu'on attendait dès qu'on quittait le costume marin pour le premier complet en laine (culottes courtes, évidemment). Le train mécanique qu'on recevait quand on savait lire faisait fonction d'apéritif. Comme la bicyclette, mais, curieusement, de façon moins radicale, le train électrique divisait les petits garçons en deux catégories : les enfants gâtés dotés d'une marque étrangère, Hornby ou Märklin, et les enfants austères à marque française, Jep (je croyais que ces initiales signifiaient « Jouet exclusivement parisien »). Étant né sous l'ère victorienne avec un siècle de retard, j'appartenais au second groupe. Mais le plaisir de ne plus avoir à remonter la locomotive effaçait toute notion de dérogeance. Au surplus, j'avais trouvé le moyen d'électrifier les rails de mon train mécanique avec un fil de fer posé sur les traverses et isolé de celles-ci par un petit matelas de chatterton ; j'avais donc un réseau double de celui des autres, ce qui permettait de fantastiques opérations militaires avec des petits soldats et des fortifications en carton bouilli. Les guerres étaient arrangées d'avance, comme au XVIIIe siècle ; chacun gagnait à son tour. Nous mettions nos locomotives en commun pour organiser d'horribles catastrophes qui troublaient les calculs stratégiques de nos généraux de plomb. Là aussi, le passage au concret, quelques années plus tard, ne fut pas sans surprises.

Bien avant les réseaux modernes parcourus par des maquettes d'un réalisme époustouflant conduites par ordinateur, la joie du train ne s'arrêtait pas à son rôle dans les conflits armés. Nous aimions la nuit. Le transformateur, qui permettait le réglage de la vitesse avec une petite manette à plots, était logé dans un modèle réduit de gare genre Perpignan, ou vignette illustrative de l'article « gare » dans le *Larousse* de 1930. Cette gare avait une lanterne au-dessus de l'horloge peinte sur la façade côté voie. On y ajoutait des lampadaires et l'éclairage d'un tunnel (carton bouilli) quand les parents avaient été généreux lors d'un anniversaire ou après une bonne place à l'école. S'y ajoutaient le feu des locomotives, et la lampe rouge du dernier wagon, bricolée avec un bout de fil. On dirait aujourd'hui que l'effet était magique. Plus simplement, nous restions des heures, à plat ventre dans la pièce obscure, à regarder, le cœur un peu serré, les trains sillonner la campagne endormie, brièvement éclairés au passage dans les gares et les tunnels que multipliait notre imagination.

Parmi les sujets de snobisme comparatif, il y avait aussi les patins à roulettes. Qu'on n'aille pas imaginer les engins supersoniques d'aujourd'hui, qui n'intéressent plus que les adultes du IVe arrondissement de Paris, avec leurs chaussures à coquilles intégrées et leurs roulements qu'on dirait empruntés aux technologies des paliers fluides.

Non. C'étaient de petits chariots simplets fixés par des courroies qu'on bouclait sur les godasses de tous les jours. Mais les marchands de jouets avaient, malgré leur rusticité, réussi à diviser ces machines en deux catégories : les *avec* roulements à billes et les *sans*. Ces dernières, équipées de galets primitifs, allaient deux fois moins vite que les *avec* en raison des frottements beaucoup plus importants. Il faut comprendre que cette différence s'entendait à égalité de sol. Les trottoirs à l'asphalte rugueux, chichement entretenus par une France pauvre, ralentissaient la progression à l'allure d'un homme qui court ; mais pour les *purotins* à galets, c'était celle d'un rond-de-cuir bedonnant et essoufflé, pour les *gommeux* à billes, c'était celle d'un champion de demi-fond. Il était dans ma logique victorienne d'être à galets ; mais comme je n'aimais pas vraiment ce sport, que je pratiquais seulement pour imiter les copains, l'humiliation était légère, et je supportais avec supériorité l'arrogance des à billes, que j'attendais de pied ferme à la prochaine distribution des prix. La grande allée centrale du Parc (le parc Monceau) était lisse comme une peau de bébé. Le goudron avait sans doute été spécialement soigné pour ce vélo-roulettodrome des gosses de riches. Là, même les moins fanatiques des galets atteignaient des vitesses honorables, surtout à la descente depuis la grille Messine jusqu'à la grille Courcelles. Les chutes étaient retentissantes et sévères même pour ces traîne-galets auxquels j'appartenais sans rougir.

Je devais avoir une dizaine d'années quand il me prit la fantaisie de jouer au prêtre. Il n'y avait là-dedans ni dévotion ni vocation. C'était un jeu comme un autre, en plus malin. Peut-être avais-je derrière la tête l'ambition de me concilier les puissances du Ciel, et de me faire pardonner, outre les péchés du rituel, les tortures qu'il m'arrivait d'infliger aux poupées de ma jeune sœur. Le sadisme, bien sûr, ne figurait pas dans la liste de l'ordinaire, mais il était là, bien présent, virtualisé par les poupées qui se gardaient d'être vivantes. J'avais même été jusqu'à crucifier l'une d'entre elles, pour voir ce qui arriverait. Il n'arriva rien de plus qu'une remontrance tout à fait tiède de mes parents qui, manifestement, étouffaient une forte envie de rire. J'en connaissais d'autres qui eussent fait tout un drame en criant au sacrilège. Je conviais ma sœur, loin du martyre de ses filles chéries, à jouer les seconds rôles. Elle s'y pliait avec la grâce de ses cinq ans, sans accepter pour autant mon autorité sacerdotale. Elle se trompait de burette pendant que j'égrenais mon latin de cuisine. La chose ne dura qu'une petite saison, le temps d'un séminaire pour enfants pressés.

3

J'étais bêtisier comme tous les petits garçons, mais, en matière de châtiment, j'étais pointilleux comme un diable sur la procédure. Un de mes passe-temps était de jouer à Guillaume Tell avec ma jeune sœur dans le rôle du fils. À la place de l'arc, peu pratique en appartement, j'utilisais mon pistolet à flèches, engin de première qualité en métal argenté façon cow-boy. Pour intensifier la situation, je prenais soin d'enlever le bout caoutchouté de la flèche dont la présence était à mes yeux une précaution puérile. La pomme était figurée par la boîte en carton de mon gros réveil Jaz, que je plaçais sur la tête de ma sœur avant de lui tirer dessus. J'avais ménagé une progression. En phase A (apprentissage de Guillaume Tell), elle me tournait le dos afin de diminuer les risques d'atteinte au visage. En phase B (maturité du talent de Guillaume), elle me faisait face. Ça marchait à merveille jusqu'au jour où fulmina l'interdiction paternelle. La punition suprême était la mise au placard, version moderne du « cabinet noir » de Jeanne, la petite-fille de Victor Hugo.

« Jeanne était au pain sec, etc. »

Mais pour moi, pas de pain sec, jeûne absolu. J'avais beau être un petit fayot, j'aimais bien désobéir, ce que je fis en profitant d'une absence de nos parents, qui nous avaient laissés à la garde de notre sœur aînée. Celle-ci, m'ayant surpris à faire le Guillaume Tell, me colla au placard. Mais elle se trompa de placard, contre quoi je protestai avec l'énergie du crime en proie à l'injustice : « C'est pas le bon placard ! » Non, ce n'était pas le *bon* placard. J'étais loin de prévoir qu'un jour la classe criminelle, encouragée par des juges compatissants, échapperait au châtiment, comme je le fis alors, grâce aux minuties de la procédure pénale. Aujourd'hui, pour les avocats et pour les juges du Syndicat de la magistrature, ce n'est *jamais* le bon placard. Allez, *élargissez*-moi ça !

4

C'est sur les genoux de ma mère que j'ai appris à lire, écrire et compter, ainsi qu'à ânonner les rudiments d'histoire et de géographie que de nos jours on n'ose plus exiger au bac. Cette méthode donnait accès aux deux dernières classes du primaire. Les filles de la génération de ma mère, pourtant, s'arrêtaient au brevet (approximativement classe de troisième) et ne savaient pas de latin. Ma mère elle-même n'était jamais allée à l'école, remplacée par une préceptrice, et ne connaissait de langue étrangère que l'allemand enseigné par une gouvernante de cette nationalité. (On s'apprêtait à conquérir l'Allemagne : il fallait savoir la langue.)

Mais quelle culture, et quel art instinctif pour en transmettre les bases ! Chers genoux, chère autorité implacable et douce ! Bien sûr, je n'aimais guère cette mère chérie, car son école m'ennuyait à périr, et je préférais mon père, compagnon de jeux et conducteur de voitures. Mais j'avalais ce qu'elle m'enfournait comme un malade discipliné boit sa potion. J'étais déjà un petit fayot avant d'en devenir un grand, puis un vieux. La pédagogie contemporaine et le culte de l'éveil de l'enfant par lui-même ont condamné cette vieillerie comme oppressive et vaguement dangereuse. Les mères sont priées de s'abstenir de supplanter les professionnels.

On apprenait le catéchisme au Cénacle, établissement de la Congrégation des Saints-Anges, avenue de Breteuil. On nous considérait sans doute comme des candidats petits anges avec ailes dans le dos et tout le fourniment, car les buts qu'on nous proposait étaient parfaitement inaccessibles. Mère Dufraisse, la chef, était un nouveau Torquemada, mais, à la mode du temps, on la redoutait sans la haïr[1].

Elle et ses petites bonnes sœurs donnaient des bases pour la vie. Que par la suite, chez la plupart d'entre nous, la foi et la pratique se soient évaporées n'enlève rien à l'efficacité de leur enseignement de la *logique formelle.* Ces femmes plantaient dans nos cerveaux, au-delà des

1. *Non oderint, dum metuant* (Qu'ils ne me haïssent pas, pourvu qu'ils me craignent), comme ne disait pas Néron.

festonnades théologiques et métaphysiques, des principes que rien ne pouvait plus ébranler. Il était moins important de savoir ce qu'étaient le bien et le mal, que de comprendre qu'il y avait un bien et un mal absolument incompénétrables séparés par la ligne qui dissocie des concepts antagonistes. C'est, sans le savoir, avenue de Breteuil que nous recevions, déguisés sous la figure de Dieu, le principe de réalité, celui de non-contradiction, et l'aversion pour le relativisme cognitif. Heureuse avenue de Breteuil ! Derrière ses arbres bien alignés, ses façades solennelles et dorées, bourdonnait le Cénacle, usine à certitudes et centre d'entraînement anti-mollesse. On en sortait ayant appris pour toujours qu'il ne faut pas croire ceux qui racontent qu'il y a une zone grise entre le vrai et le faux. Beaucoup plus tard, nous nous appuierions inconsciemment sur ce vieil enseignement pour moquer ceux qui clament la fin de la raison chaque fois qu'une convulsion de la science vient jeter un doute sur ses acquis. À quel déferlement de bêtise mystagogique devait donner lieu la physique des particules[2] !

2. La prétendue « fin du déterminisme » est « celle de la raison des Lumières », « une particule peut être à la fois ici et ailleurs : c'est l'ubiquité de Dieu », le chat de Schrödinger « en même temps mort et vivant » valide la résurrection du Christ, etc.

Chère Mère Dufraisse, Torquemada de mes six ans! Le jeudi, nous arrivions tremblants devant son tribunal. Elle avait inventé un ingénieux système d'autoflagellation. À la fin de chaque leçon hebdomadaire, elle distribuait de petites croix en carton. On laissait à chacun le soin d'enlever à sa croix, sous le contrôle non coercitif des parents, des morceaux de carton à la mesure des péchés commis jusqu'à la leçon suivante, au début de laquelle les élèves présentaient à Mère Dufraisse leur croix plus ou moins amputée. La croix revêtait plusieurs configurations suivant la conduite de son titulaire pendant la semaine. Je ne cite que pour mémoire le « Plus que la croix », invention démagogique imaginée sous la pression de parents d'enfants excessivement sages. Mon souvenir ne dit pas si l'une des branches de la croix était augmentée d'un appendice de sagesse supplémentaire, mais il fallait un certain courage pour l'annoncer, car, à la sortie, on filait des coups de pied aux petits cafards qui s'en targuaient. Il y avait « la croix » tout court, c'est-à-dire entière, pour les vrais petits anges ou les truqueurs : pas de péché, pas de coup de ciseaux. Puis venait « Presque la croix », avec un mince bout de carton en moins ; c'était celle des faux-culs qui n'allaient pas jusqu'au bout de leur vantardise, et faisaient la part du feu, celle du diable. En descendant dans l'échelle des turpitudes, il y avait « Trois quarts », où la croix était amputée d'un bras. Là, ça allait déjà mal, on avait mis du sel dans la confiture ou eu de mauvaises pensées pendant la communion. Enfin, tout en bas, on trouvait « La demie », une croix sans bras. Avait-on regardé par le trou de la serrure quand la jeune bonne faisait pipi ? Ou dit zut à maman ? Le condamné était deux fois responsable de sa damnation, d'abord par le fait lui-même, ensuite pour l'avoir avoué et bêtement traduit sur le carton. Les malheureux étaient consignés à l'écart, sur un banc spécial dit « de pénitence » d'où ils suivaient le cours la tête baissée.

Il ne faut pas croire que la promeneuse ou la mère qui attendait le coupable à la sortie lui prodiguait des consolations et une glace fraise-chocolat en été. Non. C'était plutôt un renchérissement dans la sévérité, et la semaine suivante serait par compensation « de sainteté » comme il y avait des semaines de bonté.

Comme j'étais d'une exactitude scrupuleuse, moins par humilité, sans doute, que par respect des faits, je ne manquais pas de soupçonner mes condisciples aux performances *cruciales* meilleures que les miennes.

Il y avait deux façons de tricher, l'une glorificatrice, celle du mensonge banal, et l'autre hypocrite, celle de Tartuffe. Je me flattais de croire, peut-être à tort, que j'étais un des rares à manier les ciseaux et à débiter le carton suivant mes mérites réels.

Je me plais à me considérer comme ayant été un enfant réfléchi. Hélas! en fouillant dans ma mémoire, je découvre qu'il n'en était rien. Je ne pensais jamais, et agissais toujours avant de réfléchir. Mon univers étant entièrement imaginaire, on dirait aujourd'hui virtuel, les suites étaient invariablement sans gravité. Je n'en tirais donc aucune leçon. Par une sorte de retournement dialectique, la protection absolue dont je me sentais recouvert m'a conduit, en précurseur de ce qu'on voit aujourd'hui, à n'accéder que tardivement à l'âge des pépins, c'est-à-dire à la vraie vie. Grâce à quoi j'ai pu cultiver précocement les belles lettres. C'est une chance ravissante que l'irresponsabilité, dont les jeunes gens de maintenant ne se font pas faute d'abuser. Ils cueillent les roses et diffèrent les épines. Ils finissent par se fatiguer des roses et les trouver fades. Pourtant, « Esclave, apporte-nous des roses ! Le parfum des roses est doux » ! Était-ce Caligula qui chantonnait ainsi, après avoir fait tuer son esclave de Thrace, ou couché avec sa sœur ? Ou Néron, après avoir zigouillé sa mère Agrippine, qui venait de fonder Cologne, belle ville plus tard aplatie par les Lancaster et les Liberator ?

Quoi qu'il en soit, mon premier souvenir de littérature me foudroie encore. J'étais assis sur le tapis du salon de famille, que j'idéalise à cause d'une forme ovale peu commune. Le papier était à fleurs, charmantes, ainsi que la vue ; on apercevait le mont Valérien. C'était au sixième étage d'un immeuble qu'on appellerait aujourd'hui haussmannien, dans une rue tranquille.

Âgé d'environ cinq ans, j'avais devant moi, ouvertes sur le tapis, *Les Fables choisies de La Fontaine*, illustrées de dessins dont je ne me rappelle rien. J'étais transporté par l'ivresse de lire pour la première fois un texte sans aide de quiconque. C'était *Le Loup et l'Agneau*, et je le lisais tout haut à mes parents qui, bien sûr, n'étaient nullement épatés et ne m'en firent pas compliment. Chez moi, on s'entre-admirait peu et on était, à juste titre, avare d'éloges. Je n'ai retrouvé une griserie pareille que lors de mes premiers galops, ou de mes premiers moments à la barre d'un voilier avec Jean-François Deniau.

Il a fallu peu de temps pour que je trouve La Fontaine rasoir. C'est un poète pour enfants et pour vieillards.

Les premiers goûtent la morale simplette, les seconds apprécient la cruauté. Avec le cynisme appliqué des potaches, j'ai subverti l'affaire du loup et l'agneau. Le loup s'appelait Pélagneau, il était blanc comme la candeur et finissait dévoré par un agneau féroce, tout noir. J'ai servi la chose beaucoup plus tard, à ma fille alors âgée de sept ou huit ans. Ce fut un succès. Ainsi va l'accélération des générations. Avant l'âge où on savoure sa virtuosité technique de versificateur, j'étais assommé par le fabuliste, et je lui en veux encore de *L'âne et le petit chien*. L'histoire est tellement barbante que, paralysé par l'ennui, je n'avais jamais réussi à l'apprendre et avais récolté un zéro. Je préférais ce pauvre diable d'âne, qui prétend caresser son maître avec ses sabots, au bichon prétentieux qui lui donne des leçons de maintien. Heureux temps, celui du par cœur et des zéros, où l'on punissait le poète à travers les collégiens condamnés à le réciter !

L'appartement était grand et me paraissait immense. Il était desservi par deux couloirs ; l'un, vaguement mystérieux, menait à la cuisine et à l'escalier de service, enfer des bonnes ; l'autre à l'unique salle de bains, mon séjour préféré, car j'y mijotais voluptueusement en jouant avec des cubes qui, assemblés, représentaient une scène balnéaire avec ballons, vaguelettes et voiliers. Je faisais manœuvrer de merveilleux navires de guerre en carton, que je découpais avec une minutie d'horloger, et qui flottaient grâce à un fond de coque en liège infernalement difficile à coller. J'organisais, à l'échelle de ma baignoire, de monstrueuses tempêtes. Le carton s'amollissait dans l'eau ; cuirassés, croiseurs, torpilleurs finissaient par couler ; je m'amusais de ce naufrage, innocente préfiguration du sabordage de Toulon. Darlan, où est la flotte ? Ainsi finissent souvent les gloires françaises. J'y nourrissais mes souvenirs des séjours au bord de la mer rares et mesurés, dont je gardais une inextinguible nostalgie. La campagne, que pourtant j'aimais bien, ne venait qu'en deuxième choix.

L'appartement avait toute la luminosité d'un sixième étage sur trois cours. On y accédait par un ascenseur que sa médiocre vélocité mettait à l'abri des pannes : pas d'électronique, la chose n'existait pas encore, et peu d'électricité. Hors la force motrice, par câbles, et la commande d'étages, dont je revois les boutons cylindriques rouges inutilement proéminents, tout se faisait à la main : les portes et la grille extérieure en fer forgé noir se rabattaient bruyamment grâce à leurs ressorts. Ma mémoire ne m'indique pas si la bonne avait droit à l'ascenseur ou devait se contenter de l'escalier de service. Car cette contrainte eût été de peu de conséquence : conformément à la tradition, ma mère « faisait les courses » pour épargner à la domesticité toute tentation de *faire danser l'anse du panier*[3].

En mémoire de cet ascenseur, qui berça verticalement mon enfance, je gémis du gâchis qui depuis quelques années ruine les copropriétés en condamnant à la ferraille des centaines de milliers de machines en parfait état, amputant ainsi le patrimoine de leur témoignage esthétique, ethnologique et technique. Cette décision funeste fut prise au lendemain d'un accident dont le malheur voulut qu'il survînt dans la ville dont le ministre de l'Équipement était maire. Ainsi va la démocratie d'opinion, qui modernise ce qui n'a pas besoin de l'être et laisse en l'état ce qui ne marche pas.

La rue, troublée seulement par le roulement lointain du tramway de l'avenue de Wagram (plus tard supprimé pour son bruit et qu'il est question de reconstruire pour son silence), portait le nom de Théodore de Banville.

3. Christophe, auteur de *Camember*, *Cosinus* et *Fenouillard*, évoque les « paniers voués à Terpsichore, muse de la danse ». On riait.

Si je croyais aux signes, j'y verrais la préfiguration de mon goût pour les poètes mineurs. Personne ne lit plus Théodore de B., et ce n'est que justice, car, hormis à mes yeux, il ne vaut pas tripette, et d'ailleurs je l'admire sans l'avoir lu, sauf sa pièce *Gringoire,* sinistre Louis-onziade où ce roi à médailles de plomb et son favori Olivier le Daim (*le Daim!)* ourdissent d'affreux stratagèmes. Mais je suis comme ces dévots bretons qui préfèrent aux grands noms de la *Légende dorée* les petits saints locaux et confidentiels, avatars probables de divinités celtiques, d'autant plus aimables qu'ils n'ont jamais existé.

Certes, j'ai pour les titans le respect tremblant que mérite le génie, et Shakespeare (« Au couvent ! »), Racine (« Qui te l'a dit ? ») et Hugo, l'immense Totor (« Mais je ne ris pas ») me font plier le genou devant leurs autels. Pourtant, dans l'ombre des petites chapelles latérales, je vénère Jean-Marie-Henri Levet et sa tuberculose, alors si élégante puisqu'on ne se faisait pas faute d'en mourir ; Tristan Derème, ses escargots bleus et sa tortue indigo, Georges Fourest et ses croque-morts *vêtus de laticlaves jaunes serin*, et tant d'autres qui défient l'énumération. Je préfère Tallemant et ses histoires de cul à Saint-Simon et ses affaires de tabouret ; Bussy-Rabutin et les soupçons qu'on a que, durant une beuverie, il fit rôtir un valet pour le manger entre amis, aux fenaisons de la Sévigné sa cousine ; P. G. Wodehouse, l'inventeur de Jeeves, fabuleux Figaro des temps modernes, à Stendhal, Balzac et Proust réunis. Et Paul-Louis Courier qui mourut assassiné par son garde-chasse, à Voltaire qui n'est toujours pas mort.

Ce sont des choses qui ne s'avouent que dans les coins d'église, loin de l'encens et de l'œil rouge du Saint-Sacrement.

5

Des genoux de ma mère je passai aux « Jèzes[1] ».

Il était de bon ton, lors du trajet (dix minutes de métro) de planquer la casquette d'uniforme dans le cartable, après avoir cassé la visière de cuir verni pour qu'elle y tienne. C'était un geste de défi destiné à montrer qu'on ne se soumettait qu'avec réticence aux contraintes de la tenue réglementaire, casquette, blazer bleu marine et gilet *idem* à boutons dorés, culotte courte de flanelle grise, dont le tissu un peu rêche gerçait la cuisse quand on avait pissé de travers en hiver. Au vrai, j'aimais assez l'uniforme, et ne cassais ma visière que pour faire comme les copains. Dès la sortie du métro, à dix pas du collège, il fallait remettre la casquette pour y entrer, sous peine d'être collé.

La hiérarchie rappelait l'Empire romain. À la tête du collège régnait le père recteur, figure à la fois onctueuse

1. Jésuites.

et tonnante. On n'était jamais admis en sa présence sur demande, et l'on n'était convoqué que pour subir ses foudres. Il était rare qu'on le fût sans que cet événement précédât le renvoi. Très loin au-dessous sévissait le père préfet, qui veillait au détail de la discipline dont le père recteur incarnait le principe. Il surveillait tout et savait tout, aidé d'une armée de mouchards dont nul ne savait quelles faveurs rémunéraient leurs dénonciations. Sous les dehors d'une spiritualité céleste régnait la crainte obsessive de l'homosexualité. La vraisemblance oblige à dire que cette obsession était disproportionnée à son objet, mais on décourageait les amitiés un peu chaudes, et on se méfiait des garçons un peu trop blonds dotés de pectoraux un peu trop dessinés.

L'allocution de rentrée était calculée pour inspirer la terreur. Le collège y était présenté comme une sorte de bagne eucharistique, organisé en divisions par tranches d'âges rigoureusement séparées pour épargner aux grands la tentation de s'intéresser de trop près aux petits. Les interdits et obligations étaient énoncés avec force: pas de sortie à l'extérieur entre les cours, pas de jeux violents ni de coups, aucun bavardage en classe, pipi mal vu et seulement un par un sur autorisation du maître ; le copiage et les tricheries étaient punis de renvoi immédiat et sans appel, ainsi que tout acte ou geste immodeste. Sans autre précision, ce mot faisait frissonner les naïfs et rêver ceux qui ne l'étaient plus. Messe tous les jours avant les cours, confession le lundi avec visa d'un billet par le confesseur, communion le mercredi. L'histoire ne dit pas ce qui arrivait en cas de péché mortel commis entre le lundi et le mercredi. Une composition par semaine, avec classement, renvoi en cas de zéro. Étude surveillée à l'issue des cours, deux heures par jour, avec remise du devoir à la sortie ; zéro en cas de non-remise. Ne jamais adresser la parole à un maître sans être questionné ou interpellé, et, dans ce cas, appeler « mon père » les ecclésiastiques, « monsieur » et « madame » les maîtres laïques, en réitérant poliment cette apostrophe aussi souvent que le justifiait la conversation. Appeler ses condisciples uniquement par leur nom de famille pour éviter les intimités déplacées. Appel nominatif au début des cours, renvoi immédiat et définitif en cas d'absence injustifiée. Les sanctions autres que le renvoi allaient de cent lignes à faire à la maison, une broutille, jusqu'à six heures de colle *le dimanche*.

Les « nouveaux » étaient montrés du doigt. Il fallait les intimider, les briser et les déniaiser, mais le bizutage était interdit, car on ne confondait pas brimade et pédagogie.

Outre une discipline de fer, tout le système était fondé sur la compétition, l'honneur du triomphe et la honte de l'échec. Dès le premier cours, nous étions invités à choisir un camp, entre Romains et Carthaginois pour les plus jeunes, et, pour ceux qui avaient « commencé le grec », entre Athéniens et Spartiates. Je choisis les Carthaginois. Il ne faut voir dans cette préférence aucun romantisme de la défaite, aujourd'hui en vogue chez les adolescents : je trouvais Hannibal, avec son œil borgne et ses boucles, plus beau que Scipion avec sa tête d'œuf.

Le choix d'un enseignement concentré sur les seules lettres classiques peut étonner, et m'étonne encore. À l'époque, et dans mon environnement familial, il s'imposait avec évidence. N'avoir pas fait de latin était une tare : on était rejeté dans les limbes de la section B, réceptacle de crétins bientôt consignés dans la catégorie infamante des « primaires ». On consacrait de longues années à l'apprentissage de langues mortes dont chacun savait qu'elles ne serviraient à rien. On entrevoit aujourd'hui que, ne servant à rien, cet enseignement dotait ses bénéficiaires d'un trésor qui doit son prix à son inutilité même. La conscience étymologique qui permet de comprendre ce qu'on ne comprend pas, l'accès à un patrimoine littéraire sans égal, le pont jeté avec dix grandes langues vivantes, la respiration historique des progrès et sursauts de l'esprit, rien de tout cela, qui permet de vivre, n'a le moindre intérêt pour qui n'a la possibilité de vivre que pour vivre. Nous consumions notre jeunesse à préparer le divertissement qui enchanterait tout notre avenir ; car c'est bien de divertissement qu'il s'agit, au regard de quoi les amusements électroniques, le musée gratuit et obligatoire, le cannabis, ce sucre d'orge postmoderne, ne sont que jeux de bébé. Le prix à payer, pourtant, était énorme. Non seulement pour les finances publiques, qui subventionnaient à fonds perdu, dans les lycées, le plaisir futur d'une mince élite, mais pour les intéressés eux-mêmes rendus délibérément aveugles à l'univers des sciences. Le mépris de celles-ci n'était pas ouvertement propagé, mais il s'affichait dans le nombre infime des heures dévolues à leur enseignement, et la modicité de leurs coefficients aux examens. Ma génération « latin-grec-une langue » n'a pratiquement pas reçu d'enseignement des mathématiques. La seule discipline scientifique sanctionnée par un minuscule oral à la fin de la *philo* était la cosmographie. Il suffisait d'apprendre les phases de la lune, de connaître les neuf planètes, et de comprendre le mécanisme des saisons. J'avais ma petite idée du solstice de juin : c'est le jour où un Noir debout sur le tropique du Cancer à midi *ne fait pas d'ombre.* Cette mnémotechnie m'a servi. Elle serait aujourd'hui constitutive d'un *délit.*

L'absence de mathématiques resta une lacune cruelle, moins par l'ignorance de la science elle-même que par l'infirmité que cette ignorance entraîne quant à la capacité d'abstraction. Que d'heures passées et d'efforts faits ensuite pour essayer de conquérir au moins quelques prémices de cette capacité ! Quelle souffrance, cette sensation de butoir lorsqu'on atteint le degré au-delà duquel la pensée s'englue dans l'impuissance, et quelle envie quand on en voit d'autres continuer leur chemin !

Descendant par ma mère d'une longue lignée de mathématiciens, j'avais peut-être les chromosomes qu'il fallait. Mais le choix irrévocable était fait. Je traduirais un jour pour me distraire *Les Grenouilles* d'Aristophane, texte infernal et méandreux, mais la compréhension intime de la nature, où la vulgarisation elle-même s'arrête pour souffler, me serait à jamais interdite. Je m'amusais beaucoup ; je comprenais peu.

Compositions et devoirs étaient, sans exception, notés hebdomadairement de 0 à 20, interrogations et leçons de 0 à 10. Le cauchemar était la récitation en prose, d'où une préférence généralisée pour la poésie, plus facile à retenir. Ainsi peut-être naissaient quelques vocations. On tirait la moyenne des notes obtenues respectivement chaque semaine par les deux camps romain et carthaginois ; le résultat était proclamé le lundi. On aimait passionnément être du camp qui écrasait l'autre, sans que cela exclût les amitiés transfrontalières. Un élève artiste était chargé de dessiner le camp romain, avec son ordonnancement inflexible, de la porte prétorienne à la porte décumane, ses manipules et ses centuries, et d'imaginer le camp carthaginois, nécessairement plus fantaisiste avec ses éléphants qui démolissaient les tentes. Les victoires des uns ou des autres étaient affichées semaine après semaine.

Aux notes hebdomadaires de chaque exercice s'ajoutait la note de synthèse qui permettait aux parents d'évaluer d'un coup d'œil la position de leurs fils dans les degrés qui vont de la nullité à l'excellence :

A : très bien

AE : moyen

E : mauvais
I : très mauvais

Chacun de ces symboles, dont l'origine reste mystérieuse, pouvait être agrémenté d'un sous-lignage péjorant. Il y avait la même différence entre l'A pur et l'A souligné qu'entre le paradis et les limbes, et entre l'I et l'I souligné qu'entre dix millions d'années de purgatoire et l'enfer radical et sans phrase.

Tous les trimestres il y avait ce qu'on appelait des *concertations.* Le mot avait à peu près le sens contraire de celui que lui donne aujourd'hui la manie du consensus mollasson ; c'était un combat, comme l'indique son étymologie latine, où le champ de bataille était une des matières principales, catéchisme, français, latin, grec, histoire. Les élèves, choisis parmi les meilleurs, étaient opposés deux à deux dans des matchs successifs de sélection aboutissant à une finale. La chose se déroulait devant un public composé des élèves appartenant à la division des concurrents, de leurs parents, et d'invités divers, sous l'arbitrage d'un visiteur de marque, le plus souvent militaire. L'époque était riche de gloires retraitées, constellées de décorations et de blessures. J'ai souvenir d'avoir ainsi combattu devant les généraux de Castelnau et Gouraud. Ce dernier impressionnait avec son bras coupé. Jamais de marins, aux succès trop modestes en 14-18, ni d'aviateurs sans doute jugés trop républicains. Il n'y avait pas d'autre récompense que l'honneur de la victoire, ni coupe, ni croix, mais la chose était inscrite sur le bulletin, et on en portait la fierté pendant des mois. Ainsi les bons pères avaient-ils le génie de transformer en jeu des études qui, sans cette ruse, eussent été d'une austérité sépulcrale.

On pourrait croire que ce carcan faisait de nous des zombies. Il n'en était rien. Ses contraintes détournaient notre violence de garçonnets. Il y avait des indisciplines secrètes. Dans beaucoup de jeunes cœurs surgissaient le doute ou l'irréligion. On n'en parlait jamais, non par pudeur ou discrétion, mais parce qu'à cet âge, les choses importantes sont ailleurs. Les longs agenouilloirs en bois martyrisaient les genoux : nous étions nombreux à constater que le recueillement ne résistait pas à l'inconfort, et à penser que, dans ces conditions, la communion n'était qu'une simagrée. Tout cela coexistait gaiement avec la dévotion irréductible de quelques condisciples et la foi robuste des parents. Les états d'âme étaient exceptionnels. Nos bons pères s'en méfiaient comme ils se méfiaient des mystiques : ils préféraient l'incroyance à la révolte. Ils étaient là pour fournir un cadre plutôt que pour y mettre le tableau.

La turbulence des gamins s'exerçait dans le respect de la hiérarchie. La crainte du châtiment était si bien intériorisée que toute insolence, toute expression de mépris étaient inconcevables. Tout au plus s'exprimaient-elles dans de rares surnoms. Je me rappelle une maîtresse de septième du nom de Lausselle qu'on appelait *L'aisselle* parce qu'elle sentait fort de ce côté-là. Mais les marques extérieures de considération étaient observées suivant le code, et on nous eût scandalisés en nous proposant de passer à l'action pour lui faire passer son odeur. J'ai pourtant gardé une certaine fierté d'une invention, qui fit école, destinée à me venger d'un certain abbé Loiseau, pion d'étude surveillée. Il était interdit de se retourner en étude. Or, pour un motif que j'ai oublié, mon voisin de derrière me donnait des coups de pied sous son pupitre. M'étant retourné, j'entendis aussitôt la voix tonnante de l'abbé :

– Du Boucheron, cent lignes.

Cent lignes, à la maison, c'était donné. Mais j'eus le tort de vouloir me justifier, ajoutant le caftage à l'indiscipline.

– Vous protestez ? Deux cents lignes !
– Mais, m'sieu l'abbé...
Réaction de l'abbé :
– Vous répondez ? Trois cents !
Trois cents lignes, plus de dix pages, c'était cher, même à la maison.

Ma vengeance, à l'étude suivante, fut un succès. J'avais imaginé de répandre du talc sur des feuilles de copie que je roulais ensuite, en forme de cigare, avec leur contenu. J'apportai en étude cinq ou six de ces sarbacanes pulvigères et les vidai en soufflant dedans quand l'abbé avait le dos tourné. Un nuage de talc occupa l'atmosphère. Il était impossible d'en détecter l'origine. Loiseau blanchissait dans l'impuissance alors que je me gobergeais dans l'impunité. Avant l'étude suivante, je distribuai mes petits cigares parmi mes camarades devenus complices. On devine le résultat. Je fus pendant quelque temps un artificier populaire. Il y eut des guerres du talc à la récré. Aucun de nous ne fut épinglé.

Ce qui se passait à l'extérieur du collège était indifférent aux bons pères. Ils avaient compris qu'en dressage, la forme compte plus que le fond, et que les difficultés se règlent en observant le protocole. Celui-ci indiquait qu'au-delà des grilles, tout était l'affaire des parents. Il est curieux d'entendre les détracteurs des Jésuites, auxquels ils n'ont jamais rien compris, les accuser d'endoctrinement sectaire, alors qu'il n'y a pas d'enseignement qui soit moins que le leur porté à la sermonnade. Soyez sages en classe, nous disaient-ils en substance, fichez-nous la paix *intra muros*, et nous vous apprendrons le latin, le grec et l'histoire. Quel bréviaire !

Donc on n'était jamais plus libre que sur le chemin qui allait de l'école à la maison. On s'y livrait gaîment au chantage, aux tartarinades et aux filouteries qui fondent les camaraderies.

Disciple inconscient du Dr Hjalmar Schacht, le financier d'Hitler, qui créa le Reichsmark, je compris un beau jour que le moyen le plus simple de s'enrichir était d'inventer une monnaie. J'étais un précurseur, car ma monnaie était radicalement inconvertible puisqu'elle n'était gagée sur rien. Pas d'encaisse, pas de patrimoine, pas de revenus. Sa seule valeur, que je réussis à faire circuler, était la croyance des gogos à qui je la refilais qu'ils pourraient l'échanger contre des biens réels, gomme à claquer[2], rubans de réglisse, soldats de plomb, wagons et rails de train électrique, voitures Shuko d'origine allemande, très recherchées (voir Hjalmar Schacht). Je me flatte d'avoir été copié, en moins bien, par les ministres des Finances de mon enfance, tous socialistes, qui laissaient filer les salaires alors que la production baissait, d'où galopade des prix, alors qu'au cours de sa carrière, ma monnaie personnelle ne connut pas l'inflation.

J'ai oublié son nom et ses unités – grâce à une méfiance qui ne m'a jamais quitté, ce n'étaient pas des francs –, mais je me rappelle son aspect. C'étaient des feuilles de cahier d'écolier, plus ou moins grandes suivant leur valeur, sur lesquelles j'avais tracé des dessins géométriques à l'encre et au crayon jaune, compliqués à plaisir pour décourager les faussaires, qui, en effet, ne s'y risquèrent pas. Je collectionnai ainsi gratuitement des soldats pour faire la guerre et des wagons pour les transporter.

Ce trafic dura jusqu'au jour où un petit saligaud du nom de Pierre Noël me déclara tout à trac que mes billets ne valaient rien. Je me console en pensant que, placé en bout de chaîne, il dut être coincé par sa propre perspicacité,

2. Chewing-gum de l'époque.

supérieure à celle d'un ministre des Finances : après cette proclamation, il ne pouvait à l'évidence plus rien obtenir en échange de mes billets. Mais il avait ruiné mon système. J'essayai de le boxer rue de Madrid. Il m'échappa ; il s'ensuivit une poursuite haletante jusqu'au parc Monceau où je le perdis de vue. Cours toujours, mon bonhomme, je te rattraperai.

6

Les vacances étaient annoncées progressivement par la succession des dimanches après la Pentecôte. Plus leur numéro croissait, meilleur c'était. On devinait l'approche de l'été au contraste avec la fraîcheur du métro, et, plus délectable encore, avec celle qu'on ressentait quand on passait devant la bouche des portes cochères. On dormait mal dans la touffeur des lits ; cet inconfort faisait sentir l'arrivée du jour où l'on retrouverait les ruisseaux de la campagne, les vagues de la marée haute des fins d'après-midi.

La distribution des prix sonnait la fin des cours comme la canne du Suisse accompagne l'*Ite, missa est*. Le général de service ouvrait les solennités. L'incertitude des résultats défiait les supputations et était maintenue jusqu'à leur proclamation : chacun connaissait ses notes de l'année, mais nul ne pouvait récapituler celles des concurrents. La faveur, appelée aussi « cote d'amour » ou « note de gueule », n'avait aucune influence sur le classement. Seule la note de conduite comportait, inévitablement, une appréciation qualitative, et était de ce fait fort décriée. Elle entrait pour une part minime dans l'attribution du tableau d'honneur trimestriel, mais ne donnait lieu à aucun prix. On se moquait des petits cafards et des petits lèche-cul qui ne se distinguaient que par leur bonne conduite. Il eût fallu beaucoup d'excellence scolaire pour la faire pardonner. Il y avait, certes, des chouchous, mais ce statut n'honorait pas son titulaire, et il ne faisait pas bon être chouchou en étant nul.

Les prix en eux-mêmes étaient d'ordinaire des livres assommants, aussitôt consignés dans le cul de basse-fosse de la bibliothèque familiale. Mais personne ne s'en souciait : ce qui comptait était la gloire ou la honte.

Les départs en vacances étaient cérémoniels. On avait l'impression d'aller au bout du monde pour y rester des années. Augustine, la bonne, roulait les tapis et mettait des housses sur les meubles. Des costauds du chemin de fer venaient chercher la malle d'osier, gigantesque, qui n'entrait pas dans l'ascenseur. Les costauds avaient permission d'escalier principal pour la descendre : il aurait fallu la débiter en morceaux si l'on avait voulu la faire passer par l'escalier de service.

Le moment suprême était la fermeture des volets. On appelait « persiennes » ces dispositifs articulés en acier ajouré de fentes et munis d'une fermeture à levier. Celles du salon et de la salle à manger n'étaient dépliées qu'à cette occasion. L'obscurité où se déroulaient ensuite les derniers préparatifs poignait le cœur. Notez que j'appelle cœur cette sensation de serrement au creux de l'estomac, qui n'avait rien à voir ni avec ce viscère ni avec le cœur. La joie faisait un peu peur, et l'on comprenait qu'elle n'était que l'anticipation d'un plaisir futur. Plus tard, la philosophie gloserait qu'en abolissant la durée, elle n'est qu'une fallacieuse promesse d'éternité, alors que le plaisir a conscience de sa propre fugacité. Quoi qu'il en fût, le meilleur des vacances était la veille du départ.

Ma jeune sœur, ayant failli mourir d'une angine de Vincent, avait été sauvée par un médicament nouveau, l'un des premiers sulfamides, le Rubiazol, invention de ces salauds d'Allemands. Mon père, ancien combattant de la guerre de 14-18, avait mis dans sa poche tout patriotisme germanophobe et promis de faire à pied le pèlerinage de Lisieux si ma sœur s'en tirait, ce qui arriva. Je ne suis pas sûr que la promesse fût celle d'un aller et retour à pied car je crois me souvenir d'une affaire de gare Saint-Lazare. Rien n'étonne les enfants, sauf quelquefois ce qui n'est pas étonnant, et je ne me rendis nul compte de ce que représentaient deux cents, voire quatre cents kilomètres à pied avec l'équipement de l'époque et sans le moindre entraînement. Mais cet événement reste pour moi lumineux, non par lui-même, mais parce qu'il fut suivi du premier séjour au bord de la mer dont je garde le souvenir, et grâce auquel je ne peux vivre longtemps sans la voir (la mer).

Nous avions pris le train. Le concert des cigales, épais comme l'air chaud, nous accueillit dès la sortie de la gare. S'y ajoutaient l'odeur des pins, les cascades d'hortensias, les allées de villas rangées comme des jouets d'enfant sage, au bout desquelles on *la* voyait. La marée basse découvrait une immensité de sable élastique. L'eau creusait dans le sable des vallées d'une argile douce à la main, avec laquelle on modelait des boules, des personnages, des maisons que ferait fondre la marée montante.

Seul point noir, nous partagions avec des cousins la superbe villa de tante Antonine, leur grand-mère – celle aussi d'autres issus de germain, Hughes Auffray, le chanteur, et Pascale Audret, la comédienne qui plus tard créa *Anne Frank* avec un énorme succès. Ces cousins étaient des hurleurs dont je redoutais le vacarme. On se disputait tous les soirs le plaisir d'arroser au jet les massifs d'hortensias. Nous nous moquions un peu des fleurs : ce qui était convoité, c'était le jet, administré par une lance dont la puissance se modulait grâce à une molette. Il y avait souvent des bagarres, et, comme j'étais le plus petit, je perdais. Heureusement, il me restait la mer, et il y en avait assez pour tout le monde.

France B., notre gouvernante, était belle et charmante. Par chance, j'étais trop petit pour me demander si elle couchait, et avec lequel de mes grands cousins, sans quoi j'aurais précocement connu les tourments de la jalousie. Elle avait pour mission, sans doute, de veiller sur nous mais devait avoir la tête ailleurs, car j'attrapai dès notre arrivée un formidable coup de soleil sur le dos. J'en garde le souvenir cuisant d'un pneu de deck-tennis lancé volontairement sur les croûtes encore fraîches par un cousin hurleur. Pauvre France !

J'aimais le Limousin moins que la mer. Côté verdure, j'étais servi : les pluies assuraient sa persistance à travers l'été. Mais je n'aimais pas notre villégiature d'avant la belle maison de famille plus tard recréée par mon père. C'était une assez moche maison en meulière semblable aux villas de banlieue 1900 aujourd'hui à la mode. Surtout, le jardin était affreusement en pente, au point que l'auto devait monter en marche arrière l'allée qui conduisait au garage. Une pente n'est pas un terrain de jeu. J'en inventai un pourtant, conçu pour me permettre de vaincre aisément ma jeune sœur. C'était une sorte de golf sans trous, dont le parcours suivait les allées du jardin. On frappait, avec de petits rondins en guise de clubs, les pommes immangeables du verger qui faisaient office de balles. La beauté de l'affaire était que les pommes éclataient sous les coups de rondin, et qu'il fallait continuellement en changer. Le joueur gagnant était celui dont la pomme atteignait la première le but choisi. La durée de la partie variait suivant le nombre de pommes désintégrées chemin faisant. L'emplacement d'où devait être donné le coup à rejouer après chaque changement de pomme donnait lieu à d'âpres contestations.

La magie de ce sport hérissé d'imprévus, et le charme de triomphes faciles, ne suffisaient pas à égayer le séjour. Je détestais les compagnons que j'y retrouvais.

Plusieurs d'entre eux avaient des bicyclettes Alcyon, les seules possibles, alors que j'étais affublé d'une misérable sous-marque. Les virées à vélo s'en trouvaient gâchées. Autre désagrément, ma sœur très aînée semblait prendre plaisir à déclarer ce qu'on appelait une « crise de foie » – maladie imaginaire de l'époque, réservée aux femmes – les jours où était prévue une grande promenade familiale en auto avec escale gastronomique. Troisièmement, il n'y avait pas de chevaux, et j'en étais réduit à monter la vieille mule de la propriété voisine. Ce n'était ni de la tarte ni du gâteau, car elle avait ses idées, différentes des miennes. Enfin, dans ladite propriété voisine, sévissaient deux cousines de mon âge, que je ne trouvais pas jolies mais qui l'étaient, et qui appartenaient l'une et l'autre à la classe des punaises de la plus féroce espèce, riches de mines, de gloussements et d'apartés, trichant comme des Grecs à tous les jeux que je proposais. En revanche, je reçus sans émotion les avances velues, avec leçon d'anatomie et de physiologie reproductives, de leur grand frère qui m'avait attiré dans sa chambre où il avait organisé une pénombre propice à son entreprise, que je déclinai poliment. Mon indifférence à cet incident montre à quel point les indignations sont sélectives, indépendantes de leur motif et avec quelles longues pincettes de circonspection doivent être pris la notion de traumatisme infantile, Bruno Bettelheim, Dolto & Cie.

Les devoirs de vacances étaient un cauchemar. Adepte de la dernière minute comme tous les enfants, qui ne savent pas sacrifier le présent à l'avenir, je laissais s'accumuler la tâche qui bourrait tragiquement les derniers jours d'août, car il fallait envoyer les cahiers avant le 1er septembre. Entre-temps je vivais dans le remords et l'angoisse, pour finir, en travaillant comme un damné, par faire en trois ou quatre jours le travail de deux mois. Ma corvée était égayée par les exercices d'espagnol, langue que je n'étudiais pas encore. J'y avais déniché, entre autres, la version ibérique d'un conte qui avait enchanté ma petite enfance, *Le loup, la brebis et les sept agneaux*. Le loup se pointait, la langue pendante et l'eau à la bouche, devant l'enclos de la famille ovine (le bélier, lâche comme un homme, n'était pas là pour la défendre). Le crétin de loup demandait à la maman brebis de lui ouvrir la porte, à quoi elle lui répondait, dans son meilleur espagnol, d'aller se faire fiche, ainsi :

« Abre la puerta al lobo
Sino te mato. »
La ovejita contestò :
« Abrela, guapo. »

Je comprenais à tâtons ce petit dialogue qui me ravissait :

« Ouvre la porte au loup,
Sinon je te tue. »
La petite brebis répondit :
« Ouvre-la toi-même, mon mignon. »

La logique de l'agresseur qui demande qu'on lui ouvre sous menace de mort était appelée à connaître des applications innombrables dans la politique et les affaires.

7

La fin d'août en Limousin annonce l'automne. Il pleut beaucoup. L'odeur des jardins mouillés ne console pas de rester claquemuré à tuer le temps qui n'en finit pas de mourir. C'est pourquoi nous sentions avec bonheur approcher septembre, que nous passions dans un climat plus sec chez nos grands-parents, statues formidables et lointaines. Ils n'auraient pas songé à pouponner comme le font leurs successeurs. Ils avaient raison : ceux d'aujourd'hui déresponsabilisent les parents et surinfantilisent les enfants.

L'unique fonction des grands-parents d'alors était de brandir des interdits qu'on s'amusait à défier avec les frissons d'une agréable angoisse. Les interdits pratiques étaient les plus sévères et les plus intéressants. Le principal était celui du garage, où deux objets, la voiture et l'atelier, sollicitaient principalement les initiatives des garçons. À l'intérieur de la voiture, qui n'était pas fermée, régnait une odeur d'essence et d'huile qui faisait rêver aux voyages et au jour où on saurait conduire. L'atelier était plein de merveilles avec lesquelles on pouvait se couper un doigt, s'éborgner, se transpercer un pied. On y allait en douce pendant l'absence de notre grand-père pour fabriquer arcs, flèches, sabres et fusils de bois, guidons de motos imaginaires.

Ma grand-mère était d'une bonté à faire peur. Elle veillait à se faire craindre plutôt qu'aimer. Elle arborait trois couleurs, comme le drapeau français, mais c'étaient le noir, le gris et le blanc. Comme elle était toujours en deuil de quelqu'un, le noir dominait. Elle portait au cou un ruban de satin blanc très distingué, car, mince comme un tire-boutons, elle n'avait pas de fanons sous son port de tête délié. Petite, je la trouvais grande ; qu'aurais-je fait si elle l'eût été ? Elle observait avec rigueur un régime draconien, fait d'eau chaude à tous les repas et de dragées pour le foie inutiles et noires d'un *remède* appelé Lactobyl prescrit par son médecin, l'abominable docteur Ratier, dont je haïssais la barbe lorsqu'il venait m'ausculter à l'occasion d'une de ces petites fièvres de fin d'été dont septembre est prodigue. Ma grand-mère était championne du nettoyage dans les coins : revue de pieds, d'ongles, d'oreilles (pavillon et sillon oto-mastoïdien) juste au moment où l'on allait jouer. Elle y mettait une minutie sadique, que je n'ai retrouvée qu'à la douzième compagnie du 121e régiment de transport, dont le chef passait un mouchoir blanc dans le ressort du percuteur de nos fusils MAS 36 pour vérifier qu'ils étaient correctement dégraissés. Afin d'échapper aux « quatre pains » qui sanctionnaient la moindre trace de cambouis, nous nettoyions nos armes avec de l'essence : elles rouillaient faute de graisse.

Les menus étaient pénitentiels. La journée commençait mal, avec du Banania à l'eau, du pain sec et une barre de chocolat noir. Pas de beurre, ah ! pas de beurre. Le déjeuner et le dîner étaient à l'avenant. Les plats les plus redoutés étaient les bettes sauce blanche, nappe de fadeur sur lit d'insipidité, et le turban au jambon moulé avec des restes de macaronis au gratin. L'époque ignorait les pâtes italiennes, importation alimentaire inconcevable dans le protectionnisme ambiant, et se contentait de Lustucru façonnés en gros tubes lisses par des extrudeuses à la technologie désuète.

Encore pouvais-je m'estimer heureux d'échapper à l'horreur quotidiennement subie par mes cousines chéries, à qui leur mère imposait par habitude le supplice de la *soupe aux trois repas*, y compris le petit déjeuner, alors que les familles d'austérité ordinaire ne l'infligeaient que le soir. C'était trois siècles avant que la soupe devînt à la mode et cessât d'être considérée comme la juste pénitence des pauvres. Pour moi, la bénédiction principale des dimanches chez mes parents, qui compensait le supplice de la messe, était la dispense de soupe en raison du congé de la bonne. Le dîner était remplacé par un « goûter dînatoire » à base de *pâté Pou* (du nom du charcutier-traiteur en vogue) et de langue écarlate. Merveilles.

C'est dire si j'éprouvais pour ces malheureuses et ravissantes compagnes condamnées à la soupe perpétuelle une compassion sans limite, qui me faisait oublier Banania délavé et gratin d'occasion.

En revanche, j'aimais les carpes *miroir* ou *cuir* du vendredi, vendues luisantes et sans mouches au bord du Cher où elles venaient d'être pêchées. La fraîcheur était à ce point garantie qu'un jour, la cuisinière affolée apparut au salon, qui lui était pourtant interdit, pour raconter en hoquetant qu'une carpe avait sauté de la poêle et frétillait sur le carrelage.

Le cérémonial des repas était strict et immuable. Nous vivions sous l'empire d'une règle qui devint une blague, puis un cliché, avant de finir en document d'ethnologie : *Les enfants ne parlent qu'à leur tour et leur tour ne vient jamais.* C'était avant que s'imposât la manière britannique des mains sous la table, et il fallait les tenir posées dessus, aussi immobiles qu'il était compatible avec le fait de s'alimenter. C'est pourquoi nous devions mettre de petits morceaux de pain sur nos poings fermés en prenant garde de ne pas les faire tomber.

Encore n'était-ce rien comparé à ce qu'on racontait des repas présidés par une arrière-grand-tante, Mme de L., dans sa propriété de S. Il courait à son sujet les bruits les plus fantastiques. La tante de L. avait épousé un arrière-grand-oncle du même nom, maître de forges, qui s'en était laissé convaincre par l'argument sans réplique retrouvé dans une lettre de son père : « Mlle D. est *un peu commune en tout, mais elle a du bien.* » Dans ce temps-là, on aimait les alliances qui permettaient aux forges de province de tenir tête à la concurrence allemande au lieu d'être rachetées à vil prix par d'improbables Indiens.

Commune ou pas, cette mademoiselle D., devenue l'arrière-grand-tante de L., devait chasser à courre, car, juchée sur le perron, elle rameutait sa maisonnée à son de trompe pour le déjeuner au lieu de faire sonner la cloche comme tout le monde. Elle passait elle-même l'inspection des mains des enfants accourus à la hâte de quelques jeux engadouillés. Les ongles sales étaient privés de dessert. En ces temps de fécondité sans artifices, les tablées de vacances étaient grouillantes de marmots. Il fallait punir à distance pour contrôler tout ce petit monde. La tante de L. faisait placer derrière sa chaise une longue gaule dont la taille lui permettait d'atteindre sans se lever les extrémités de la table où était parquée la jeune classe. Et elle frappait.

La maison de nos grands-parents était caverneuse, avec des tas de recoins, un grenier charmant le jour et inquiétant la nuit, des dortoirs d'enfants où le sommeil étouffait les rires. Septembre y était une longue sarabande de cousins-cousines, un vert paradis d'amourettes derrière les groseilliers à maquereau, des jeux dans les arbres. J'y retrouvais mon meilleur ami d'alors dans la propriété de sa grand-mère, de l'autre côté du Cher. Nous équipions nos vélos de morceaux de bristol ou de pinces à linge fixés à la fourche, que faisait vibrer le passage des rayons. Ces petites détonations nous donnaient à bon compte l'illusion de chevaucher des motos ; il m'était indifférent que ma bicyclette ainsi transformée ne fût qu'une minable Aquilon. Nous attrapions de fantastiques coliques en mangeant dans le jardin des fruits d'automne pas mûrs. Nous nous lancions des haltères à la figure en prenant soin de nous éviter. L'erreur est humaine, et j'en reçus une en plein front ; c'est depuis ce temps que... Nous mettions à profit les leçons d'escrime de nos collèges respectifs dans des duels à fleurets démouchetés, sans masques ni plastrons, avec l'ambition de tirer un peu de sang à l'adversaire. Un geste malheureux me fit un jour envoyer la pointe de mon arme dans l'œil de ma jeune sœur convoquée comme témoin, sans autre conséquence qu'une estafilade à la paupière. De là date mon premier gros mensonge, car il fallait cacher cet exploit aux parents et inventer une explication pour la blessure.

Les punitions appartenaient à deux catégories. Les unes, virtuelles, relevaient de la fantaisie de mon grand-père. La plus sévère était la machine à fouetter qu'il disait avoir inventée et qu'il agrémentait de détails techniques perfectionnés à plaisir. Pour les enfants, la situation de cette machine était ambiguë, à mi-chemin entre le vraisemblable et l'imaginaire, tel un objet quantique où se superposent deux états de la matière. Certes, on commençait par y croire pour finir par n'y pas croire, mais qu'arrivait-il lors de la transition où l'on y croyait sans y croire ? J'avais fini par entrer dans le jeu de ce bon-papa terroriste pour rire et en rajoutais sur l'horreur avec des équipements optionnels tels qu'un réservoir pour le sang des fesses et des pointes hérissant les paumes métallo-automatiques qui administraient les fessées.

Au nombre des punitions appartenant à la catégorie des *réelles*, la plus redoutée était la cave, qui donnait sur le jardin à côté des chiottards extérieurs. On y était enfermé à double tour dans le noir le plus absolu et dans une odeur complexe de vieille urine, de pomme pourrie et de terre battue imprégnée de vin aigre. On disputait sur ce qui était le plus atroce, de l'obscurité ou de la puanteur. Chaque séjour était suivi de récits destinés à terrifier les détenus suivants. J'inventais d'énormes araignées qui n'y étaient pas. D'autres préféraient les rats qui y sévissaient sans doute. Tout cela entretenait une discipline puissante, seulement tempérée par l'irrépressible désir de faire des bêtises et les mensonges destinés à les cacher.

La bibliothèque était une grotte aux trésors. J'ignore par quelle inattention, ou à la suite de quel tri maniaque, rien n'y était défendu. Elle trônait à mi-étage avant le grenier. Elle nous semblait gigantesque et inépuisable. On se plongeait avec ivresse dans les Hetzel de Jules Verne, à couverture rouge et or, magnifiquement illustrées. Miracle, leur lecture n'était pas réservée au grand salon, où les enfants n'étaient admis qu'avec parcimonie avant la prière du soir en la présence intimidante et vaguement hostile des *Grandes Personnes*; on avait le droit d'emporter les Hetzel dans sa chambre et de les lire au lit avant le couvre-feu sonné d'un baiser par les parents. Les Hetzel étaient trop grands et trop lourds pour qu'on pût les lire à la sauvette avec une lampe de poche. Ceci était réservé au format plus accommodant des Bibliothèque rose (Comtesse de Ségur) et verte (Jules Verne récents). Les plus aventureux se risquaient parfois à allumer frauduleusement une bougie, au mépris (sévèrement puni en cas de découverte) du risque d'incendie. Un livre de la Bibliothèque verte qui m'enchanta durablement exaltait les talents cachés d'un jeune raté qui devenait riche et célèbre. C'était *Bricolin et les sept métiers*. Bricolin exerçait d'abord six métiers successifs avec une incompétence telle qu'il était aussitôt flanqué à la porte. Ses mésaventures n'étaient pas exemptes d'une certaine malfaisance qui réchauffait le cœur, de sorte que Bricolin n'excitait pas la pitié qui eût pu faire pleurer les jeunes lecteurs. Son septième métier le conduisait dans l'atelier d'un savetier, où il fabriquait des sabots d'une scandaleuse fantaisie, en forme de lapins, de cochons ou de moutons. Il était promptement viré, mais son talent faisait bientôt de lui un sculpteur à succès. J'étais partagé entre la compréhension des patrons à l'esprit prosaïquement pratique et l'admiration du génie anticonformiste de Bricolin. C'était le but de l'auteur, conciliant des exigences contradictoires dans un esprit de compromis bien français, annonciateur de ces politiques consensuelles dites « d'apaisement » qui, mettant d'accord entre eux les mots et non les faits, ne résolvent jamais rien.

Parmi les merveilles siégeait l'imposante collection du *Noël*, revue catholique bourrée de romans fascinants, dont celui d'un émule de Michel Strogoff intitulé *Le Petit Messager du tsar*. Le tsar, sans doute, n'avait qu'un lointain rapport avec la réalité historique, car, malgré une majesté écrasante, il était d'une bonté telle qu'on se faisait un plaisir de mourir pour son service. Le petit messager traversait mille tribulations en portant un message secret jusqu'à

Vladivostok, la « Dominatrice de l'Orient » qui veillait aux intérêts russes contre les Japonais, cruels ouistitis aux yeux bridés. Il y avait aussi *La Colombe de Tutley Manor*, tellement lu et relu par des générations écarquillées que les coins des pages étaient usés. J'ai oublié l'histoire : j'en invente une pour faire bonne mesure. Lady Columba Tutley, jeune orpheline blonde, régnait sur un peuple de manants servilement dévoués, au milieu d'un immense domaine avec chants d'oiseaux, moutons enrubannés, chevaux luisants de propreté et roseraie vaste comme une forêt entretenue sous l'autorité d'un chef jardinier écossais à l'accent aussi rocailleux qu'une déclaration d'indépendance. La colombe déjouait d'ignobles complots destinés à la dépouiller de ses droits au profit d'un méchant oncle conseillé par un homme de loi juif. J'ai la flemme d'écrire la suite que devait couronner une fin heureuse. Je ne m'arrête pas à la religion de la jeune fille : je suppose qu'elle s'est convertie au catholicisme, ce qui assurera à la fois son malheur et son triomphe.

J'y relisais inlassablement *Camember, Fenouillard et Cosinus* qui devinrent des amis de cinquante ans. Les meilleures formules faisaient partie du folklore familial. « Petits oiseaux, qui êtes dans le feuillage/ousque murmure l'onde du clair ruisseau… » Ainsi chantait le bon sapeur à sa fiancée, Mamzelle Victoire, la bonne du colonel. « Double tête de mulet cornu, m'ferez cinq jours pour ne pas avoir creusé le deuxième trou assez grand pour contenir à la fois sa terre et celle du premier. » C'était le sergent Bitur qui punissait le sapeur Camember pour une corvée de balayage mal exécutée dans la cour de la caserne. « Double tête de mulet cornu » était devenu une insulte du folklore, et on ne m'empêchera jamais de la préférer au laconique « connard ». J'aimais l'idée de creuser un trou assez grand pour contenir deux fois ce qu'on en avait extrait. J'apprendrais bien assez tôt qu'en préparant leur budget, c'est-à-dire leur déficit, les ministres français des Finances exprimaient jusqu'à la dernière goutte le suc de cette sagesse-là. « Espèce de batracien », ainsi Cosinus traitait-il l'employé de l'octroi, vêtu d'un uniforme vert, qui confisquait son équipement d'explorateur à la sortie de Paris. « Batracien » était entre nous une injure fréquente d'intensité moyenne.

Il y avait M. Vieux-Bois, de Töpffer, l'inventeur suisse de la BD. Le héros était passionnément amoureux d'un *objet aimé* qui lui échappait toujours. En le poursuivant, M. Vieux-Bois s'était coincé dans les aubes d'un moulin à eau, et avait alors été « prodigieusement saucé à chaque tour », avec dessin à l'appui. « Prodigieusement saucé » était une scie familiale adaptée aux pluies de fin septembre[1].

Dans Jules Verne, mes aventures préférées étaient *La Maison à vapeur* (invention du camping-car), *Robur le Conquérant* (l'hélicoptère), *Le Château des Carpathes* où l'on entendait la voix divine d'une cantatrice qui chantait « *Voglio morire*[2] », et qui avait été exaucée : on l'entendait grâce au phonographe bien qu'elle ne fût plus de ce monde.

Un album particulièrement édifiant, *Le bon Toto et le méchant Tom*, proposait respectivement Toto comme exemple de toutes les vertus et Tom comme illustration de tous les vices. J'étais enchanté du commentaire laissé sur la page de garde par les deux frères polytechniciens de ma mère, en argot de l'École : « Hure au stupide Toto, un *chic* au méchant Tom », d'autant plus surprenant que les dits frères étaient devenus l'un et l'autre des modèles de conformité.

Dans l'*Astronomie populaire* de Camille Flammarion, je trouvais avec fierté des traces de mon aïeul physicien, astronome et amateur de mascarets, joliment caricaturé

1. Citations de mémoire.
2. « Je veux mourir » (italien).

par Daumier. Ce même savant, d'esprit sarcastique, après avoir présenté le pendule de Foucault à Napoléon III et à l'impératrice Eugénie, se répandit dans Paris en déclarant que « la Terre avait eu l'honneur de tourner devant leurs majestés impériales ». Il ne fut nullement inquiété. Les régimes autoritaires en voie de dégel périssent parce qu'ils ne savent plus punir.

« Veneur à deux pattes », c'est ainsi que m'appelait mon grand-père lorsqu'il m'emmenait suivre en voiture les chasses à courre du rallye Montpoupon, alors à M. de La Motte Saint-Pierre. Ancien officier de hussards, « Bon-Papa » avait été dans sa jeunesse un cavalier brillant et un veneur acharné. Quantité de pieds – cerfs, sangliers, chevreuils, reçus comme « Honneurs » et montés sur les écussons commémoratifs d'usage – tapissaient l'escalier principal de sa maison, témoignant de sa science de la vénerie[3], de son intrépidité équestre et de son talent à la trompe.

3. Après la chasse, lors de la cérémonie de la *curée*, le Maître d'équipage « fait les honneurs » en offrant à la personne de son choix un pied de l'animal chassé. La fanfare dite « des Honneurs » accompagne ce geste.

Quelle mélancolie devait l'étreindre à l'évocation de ce temps de gloire passé pour jamais, alors qu'il m'imposait silence pour m'en faire écouter les échos ?

Je vois encore la forêt sans parvenir à l'identifier : Amboise, peut-être, ou Loches, à portée de rendez-vous depuis Montpoupon, assez vastes pour y courir le cerf. Mes huit ans avaient le cœur serré au spectacle de ces immenses nefs de verdure réveillées par le galop des chevaux, les cavaliers en rouge et l'éclat des trompes. Mon grand-père m'expliquait les fanfares à mesure que survenaient les événements qu'elles annonçaient.

– Bon-Papa, qu'est-ce que c'est, cette musique ?

– La vue, petit bonhomme.

– On a vu quoi ?

Les paroles chantées par les piqueux étaient obscènes. On avait vu quelque chose qu'on n'aurait pas dû voir sous la jupe des filles des maîtres lorsqu'elles allaient en cachette visiter le chenil.

Elles connaissaient l'air : les piqueux leur apprenaient la chanson.

– L'animal de chasse, à quoi penses-tu ? Mets ta tête entre tes deux oreilles.

La tête entre les deux oreilles était le signe de la sagesse. On ne sonnait *la vue* que si on avait vu le cerf sautant une allée, et qu'on était sûr que c'était bien l'animal chassé.

– Sans ça, tu passeras pour un crétin.

– Mais, Bon-Papa, pourquoi crétin ?

– Les chiens se trompent quelquefois d'animal. C'est le change. Les crétins sonnent la vue sur un change, et on risque de rater la chasse.

– Et si on voit l'animal sans qu'il saute une allée ? Ou un sentier, ou une route…

– On sonne la tête.

– C'est quoi, la tête ?

– Tu n'es qu'un veneur à deux pattes. La tête, c'est ce que le cerf a sur la tête, qu'on appelle des *bois*. Plus il y a de bois, plus il est vieux. Deuxième tête, troisième tête, quatrième…

– C'est une façon de les reconnaître pour ne pas se tromper ?

– Bonhomme, tu as tout compris.

J'étais heureux du compliment, car Bon-Papa avait la langue acérée et la louange parcimonieuse. Chacun redoutait les morsures de son esprit. Un jour, une sémillante jeune tante, « pièce rapportée » bien sûr, s'était présentée à table maquillée comme une vedette de cinéma. Bon-Papa n'aimait pas les femmes fardées. Féru de science héraldique, il l'avait brocardée en lui disant qu'elle était « armée et lampassée de gueules », c'est-à-dire avec les ongles (les « armes ») et la bouche (le « lampas ») peints en rouge (« de gueules » comme celle d'un gibier égorgé). La victime de cette plaisanterie, devenue un cliché familial, trimballa longtemps cette image de fauve attaquant figurée sur un blason.

J'eus le culot, malgré les risques, de faire lire mes premiers vers à Bon-Papa. Je devais avoir une dizaine d'années, d'où une prosodie et une métrique fantaisistes : Malherbe n'était pas encore passé pas là. Pourtant, l'essai fut apprécié, et Bon-Papa, qui était lui-même un poète fort spirituel, me salua d'une critique rimée dont je me rappelle encore un vers :

« Rime hardie, et pieds courant à perdre haleine... »

et qui finissait ainsi :

« Quand donc au pic qu'académique on nomme
Grimperas-tu de roc en roc, rare bonhomme ? »

C'était un grand honneur. Bon-Papa avait adapté pour moi une satire destinée à Victor Hugo, candidat malchanceux à l'Académie française. Pikkaka, Rok-en-Rok, l'auteur s'y moquait de (rares) cacophonies hugoliennes.

Beaucoup plus tard, lorsque j'ai pu partager à mon tour les splendeurs tragiques de la chasse à courre et son équitation à corps perdu, les souvenirs d'enfance m'en ont aussitôt rappelé quelques mélodies poignantes, le lancer, la « compagnie », le bien-aller, le bat-l'eau, la mort surtout dont ma mère me chantait les paroles (version chaste) qui se cachent derrière la musique de l'hallali :

« Avez-vous vu la belle Hélène,
La belle Hélène au cœur joyeux,
Aux yeux bleus ?
[…] Tous les chasseurs en étaient amoureux. »

Ce Bon-Papa que j'aimais bien avait une sœur unique que je n'aimais pas. Je devais la retrouver dans l'œuvre monumentale de l'humoriste anglais P. G. Wodehouse, sous les espèces et en la personne de Tante Agatha, gorgone impérieuse et revêche, dont « l'architecture faisait penser à l'Albert Hall ». Ma tante Lucie, pour sa part, évoquait plutôt un hybride de l'église de La Madeleine et du château de Chaumont. J'avais à ses yeux le tort d'avoir toujours raison. Je l'entends encore me clouer le bec lors d'une discussion littéraire ou historique où mes quelque dix ans s'arc-boutaient sur leurs certitudes au point d'en appeler à l'arbitrage d'ouvrages savants, Larousse, Littré ou Hatzfeld et Darmesteter. Alors que je triomphais sans excès de modestie, elle s'était rencognée dans la majesté de son âge en me disant d'un ton sec « qu'il aurait mieux valu que je me sois trompé ».

J'aurais dû lui savoir gré de cette repartie : jamais ne fut mieux exprimé un argument d'autorité. Aujourd'hui où tout se vaut dans les molles équivalences du relativisme le plus élastique, seule reste debout la posture morale qui n'a besoin ni de preuves ni d'arguments, et dont Tante Lucie était une superbe incarnation.

La prière du soir concluait nos journées lumineuses. C'était une solennité collective où, sous l'autorité des grands-parents, la maisonnée tout entière se réunissait dans leur chambre à coucher. Une hiérarchie pénitentielle présidait aux souffrances de l'agenouillement. La domesticité et les enfants n'avaient droit à aucun amortisseur. Les genoux nus sous les chemises de nuit (pas d'impudiques pyjamas, bien sûr) subissaient sans intermédiaire le contact douloureux du carrelage dont les inégalités accroissaient l'inconfort. Les grandes personnes ordinaires – les parents – avaient droit à de minces coussins. Seuls les grands-parents devaient à leur dignité de patriarches la jouissance de deux prie-Dieu. La mortification, inséparable de la prière, était donc inversement proportionnelle à l'âge, ce qui ne manquait pas de choquer les esprits rebelles, sauf à admettre la sainteté des vieux, chose après tout possible. Tout était calculé pour que la punition génuflexionnaire alliât durée et sévérité. On commençait par l'interminable liste des saints patrons, en rang d'âge pour les petits-enfants ; j'y étais quatrième, et premier mâle, non sans quelque fierté, et avec le plaisir d'être cité après la plus chérie de mes cousines, dont la ravissante beauté me paraissait garantir qu'elle était, elle aussi, une espèce de sainte.

Suivait alors un déluge de prières, dont le « Souvenez-vous » m'intriguait avec son « gémissant sous le poids de mes péchés ». Cent sous le poids de mes péchés, ça n'était pas cher, une occasion à saisir pour ceux que je commettais, en pensée mais aussi quelque peu en action, avec la susdite et charmante cousine.

PRÉLUDE ET FUGUE

Limousin, août 1939. La mobilisation générale atteignit ses destinataires pendant une partie de tennis. On jouait en flanelle blanche, pantalon à revers pour les messieurs, jupe plissée et bas blancs pour les dames. Ce jour-là, se disputait un double messieurs entre mon père et trois grands cousins (dont celui des avances velues). Un domestique apporta les télégrammes. Mon père, ancien de 14-18, trop âgé et chargé de famille, n'était pas visé. Les cousins quittèrent le court pour faire leurs valises. On ne découvrait sur aucun visage la gaieté tant vantée de 1914. Le déchaînement du tonnerre sur l'Europe eut donc pour moi l'aspect d'un match de tennis interrompu: *« Play? – Ready*[1]. » Mais nous n'étions pas prêts.

1. En ce temps-là, on parlait anglais sur les courts, le joueur au service demandait à son adversaire s'il pouvait commencer: « Play? » Et l'autre répondait « Ready » (prêt).

Je fus expédié à Blois, ville charmante dont le charme m'échappa et qui fut plus tard écrasée par les bombes alliées. Mes parents, restés à Paris qu'on ne bombarda guère, avaient éloigné leurs enfants par précaution. Il en résulta un an d'exil et de séparation inutiles.

Hébergé par de lointains cousins, je partageais la chambre et le train électrique du dernier fils de la maison, qui le prit avec une humeur gracieuse qui n'eût pas été la mienne en pareil cas. L'hiver fut terrible : on patinait sur la Loire qu'on pouvait traverser à pied. Les Maristes chez qui je *fis* ma cinquième ressemblaient aux Jèzes, en plus mou, avec moins de décorum, mais j'y fus bien classé et fis mes premiers pas en grec.

De l'ennui de plomb de l'année scolaire 39-40 émergent le plaisir de découvrir cette langue et la constitution d'un herbier grâce à un *Traité pour connaître le nom des plantes sans aucune notion de botanique* dont on m'avait fait cadeau. J'ai encore au nez l'arôme des branchettes de sapin (« *epicea excelsior* ») que j'avais collées dans un grand registre noir avec des centaines d'autres essences. Pour comprimer mes plantes, afin de les aplatir et de les faire sécher en exprimant les sucs, j'utilisais la presse à vis du maître de maison, un oncle éloigné dont la voix de bronze me terrorisait. Alors que je tapais à coups de marteau sur les poignées de fonte de la vis pour parfaire le serrage, j'eus le malheur de casser l'une d'entre elles : j'appris ainsi la fragilité de la fonte, mais l'aveu ne fut pas une partie de plaisir. Ce fut pire que la guerre.

Car c'était la drôle de guerre, et il ne se passait rien. Plein du récit des carnages de 14-18, je m'en inquiétais. Comme beaucoup d'enfants, je me parlais souvent à moi-même, sûr d'avoir alors un auditeur compréhensif. Je m'entends et me vois encore regardant mon image dans une glace et disant à voix haute : « Bernard, on ne gagnera pas cette guerre puisqu'on ne la fait pas. »

On la fit du côté ennemi, qui déchaîna l'ouragan le 10 mai 1940 et, en moins de six semaines, anéantit l'armée française.

Paris était au bord de la capitulation. Mes sœurs et moi retrouvâmes, dans la maison de nos grands-parents, nos parents qui s'y étaient réfugiés. Les enfants font la guerre en vacances.

Nous fûmes à deux doigts de rejoindre la moitié des Français qui fuyaient vers nulle part devant l'ennemi, comme une migration de hamsters aveuglés par la panique. Le Nord courait envahir le Sud avec comme seul résultat de s'entre-affamer en perdant tout.

Chez nous, la raison prévalut *in extremis*. Les voitures de mon père et de mon grand-père, chargées jusqu'à la gueule d'*impedimenta* inutiles, nous attendaient devant la maison, lorsque mon père montra la foule immense, dépenaillée et fourbue, immobile dans la poussière et les fumées d'échappement, qu'on apercevait sur la route. Nous devions nous entasser à six ou sept dans chacun des véhicules, prétendus « familiaux » mais minuscules à la façon de cette époque. On renonça à partir alors que les moteurs tournaient déjà. La décision fut prise de rester sur place quelles qu'en fussent les conséquences. La maison était préférable au chaos, et l'ennemi moins redoutable que la terreur qu'il inspirait. Nombreux furent ceux qui ne revinrent jamais de leur voyage au bout de la peur.

En ce mois de juin doré, je vis alors défiler sur un pont l'armée française décomposée. Les officiers fuyaient devant, ou plutôt derrière, dans des voitures peintes en couleur kaki, accompagnés de leurs maîtresses et de leurs chiens. Suivait une horde de bidasses hâves et crasseux.

Jamais troupe n'eut l'air moins martial. Ceux qu'on avait pris pour les remparts de la patrie décampaient comme des rats d'un bateau qui coule, vêtus de haillons qui n'avaient été des uniformes qu'avant le combat.

La maison recueillait quelques fuyards distingués repêchés dans le désastre. Les moins abattus racontaient pour se remonter le moral des sornettes de victoires et d'espoirs impossibles. Les moins stupides suaient le plus noir défaitisme. Le chef du gouvernement, qui avait la brèche glorieuse, rappelait à la radio « qu'on en avait colmaté d'autres en 1914 », d'une voix nasillarde de caporal peu sûr de son autorité. « Avec vos vieilles ferrailles, avait-il fait placarder sur les murs, nous forgerons l'acier victorieux. » C'était quelques jours avant que les Stukas ne réduisent en pulpe nos convois hippomobiles poursuivis par les Panzers de Guderian. Les églises retentissaient de cantiques rogatoires chantés faux par des ministres qui, à force de ne croire à rien, ne croyaient plus qu'aux miracles. C'est alors qu'arriva une famille vaguement amie, jetée sur les routes par la tourmente avec un grouillement d'enfants, parmi lesquels une ravissante petite infirme de mon âge dont je devins éperdument amoureux. L'étincelant système mécanique qui soutenait ses jambes de paralytique me parut la plus belle chose du monde. Je l'enveloppai de ma tendresse, et la tristesse de son départ me fit oublier les malheurs de la patrie.

Un jeune capitaine vint parler à mon grand-père à l'heure du café sur la terrasse. Il devait faire desceller une partie du mur donnant sur le Cher pour installer dans l'ouverture un nid de mitrailleuse. On lui fit expliquer la stratégie et la tactique, dont il résultait que la maisonnée devait se réfugier dans l'abri qui lui était affecté par les autorités. L'ennemi s'approchait ; le village et son château allaient servir de point d'appui pour résister. Deux batteries de 75 prendraient position devant le château qui dominait la rivière. Mon père, artilleur de campagne en 14-18, demanda des précisions. L'ennemi arrivait avec des canons de 105 mm. 105 contre 75, pots de fer teutons contre pots de terre gaulois, sans parler du nombre de pièces : combien de canons allemands contre les huit pièces de notre côté ? L'officier fut évasif.

À la française, l'abri n'avait d'abri que le nom. Ce n'était qu'une cave à peine creusée, quatre ou cinq marches, au rez-de-chaussée d'une maison sise à quelque trois cents mètres de la nôtre. Dans ce lieu dérisoire, même un enfant comprenait qu'un seul obus malencontreux ferait de nous de la chair à saucisses. Mais, pour l'heure, cela restait abstrait, et donc peu intimidant. En revanche, je fus dès l'entrée saisi d'horreur par l'odeur infâme, inoubliable, obscène, émanant de peaux de lapin mises à sécher sur des fils tendus sous le plafond. Ces dépouilles puaient la graisse pourrie et le vieux sang caillé. C'était pire que l'artillerie ennemie qui commença bientôt à s'exprimer. Mon père, en connaisseur, déclara que les salves étaient « lentes et peu fournies ». Il me recommanda de compter les coups pour me changer les idées. Ainsi faisait-on lors de la guerre précédente quand on recevait sur la tête ce qu'on appelait des « marmites[2] ». Toujours discipliné, je comptai, mais les peaux de lapin ne voulaient rien entendre et persistaient à empoisonner l'atmosphère. Le plus rude, toutefois, était à venir. Mon père, pour se distraire et montrer qu'il n'avait pas peur, se mit en devoir d'aller chercher à la maison – distante, comme j'ai dit, d'environ trois cents mètres – effets, couvertures, sièges et pain pour améliorer notre confort et notre ordinaire, car nul ne savait combien de temps allait durer le combat.

2. Obus de gros calibre.

Si lentes et peu fournies qu'elles fussent, les salves de 105 se succédaient, et mon père, pensai-je, devrait se faufiler entre les obus. Il renouvela plusieurs fois ses maudites expéditions à l'issue desquelles je pensais ne pas le revoir. Il revenait l'air content de lui, à juste titre, mais je lui en ai longtemps voulu. C'est ainsi, pourtant, qu'il essaya de me faire comprendre le plaisir d'affronter le danger pour s'amuser – et peut-être un peu pour épater la galerie.

L'affaire dura une trentaine d'heures. Puis un soldat allemand ouvrit d'un coup de pied la porte de l'abri en mimant du geste une pluie d'obus et en criant : *« Das ist geendet »* (C'est fini).

Il était beau comme la guerre. Sur son casque, camouflage jamais vu du côté des bourguignottes quasi trentenaires des Français, un filet retenait des branchages. Ses courtes bottes insultaient les pitoyables guêtres des nôtres. Ayant vu pendant une semaine fuir le cortège de clochards qui nous tenait lieu d'armée, l'admiration me terrassa. J'admirai moins une jeune femme qui, sortie de l'ombre où elle avait croupi près de nous, s'empressa de lui offrir une cigarette qu'il accepta en souriant. La femme était grande, jolie, yeux bleus. C'était l'incarnation de l'agenouillement national et l'icône d'une France prostituée.

Le grand jour m'éblouit quand je sortis avec mon père. L'air sentait le brûlé et l'explosion, parfums délicieux après les peaux de lapin. Le silence assourdissait après les 105 et les départs des 75 français. Il était stupéfiant de constater l'insignifiance des dommages causés après un jour et demi de bombardement : une vingtaine de maisons éventrées, la nôtre intacte ; le château de même, à l'exception d'une chambre vide dévastée par un obus. Ce souvenir m'aidera plus tard à comprendre le faible effet sur la capacité militaire de l'Allemagne des tapis de bombes déversées par les armadas aériennes des Alliés. L'armée de terre restait la reine des batailles.

La maison fut brièvement occupée par les Allemands. C'était très amusant. Ils me laissaient toucher leurs armes et monter dans leurs blindés. Ils sentaient la graisse à cuir et le savon noir. J'aurais accepté d'eux l'offre d'une cigarette – un rendu pour le donné de la dame de l'abri – car je commençais en secret à m'intéresser au tabac. Mais l'offre ne vint pas. Il n'y eut aucune déprédation, malgré les légendes qui couraient sur leur manie de faire leurs besoins dans les tiroirs. Ils saluaient poliment mon grand-père, vieillard qui ne pouvait plus nuire ; ils étaient moins effusifs avec mon père qui leur tirait la gueule. Pourtant, ce fut avec les salamalecs dus aux vainqueurs de 14-18 qu'ils échangèrent la voiture de mon grand-père et celle de mon père contre des bons de réquisition. Pour éviter d'étouffer de honte et de surprise devant cette honnêteté si contraire à la nature humaine, je songeai, avec raison, que le vol et le pillage devaient être chez eux punis de mort ; mais c'était compter sans la discipline de ces hommes, qui tranchait avec l'ignominie du système D à la française. Les bons, parfaitement réguliers, donneraient lieu, huit ans plus tard, à dommages de guerre aux frais des contribuables allemands.

LA PAIX DES LÂCHES

1

J'entendis le maréchal Pétain annoncer en chevrotant la fin des combats. Il rendit en passant hommage à notre *admirable armée* que je n'admirais pas. Je vis pour la première fois pleurer mon père qui déserta de ce fait sa statue de granit et perdit son prestige d'homme d'esprit à la drôlerie solaire. Je lui dis qu'il n'y était pour rien. Peut-être se sentait-il coupable de n'avoir pas combattu, et responsable d'avoir avec constance envoyé au pouvoir des politiciens en papier mâché dont l'imprévoyance, la lâcheté, la diplomatie inepte avaient contribué à la catastrophe. Je compris beaucoup plus tard ce que chacun se cachait afin de garder sa bonne conscience et accuser le voisin : rien n'aurait pu changer quoi que ce fût ; les jeux étaient faits. À quarante millions contre quatre-vingts, avec une économie exsangue et une industrie faiblarde, la France était vaincue d'avance. Une défaite express, en lui évitant le carnage, l'avait sauvée du néant où l'aurait précipitée une résistance héroïque vouée à l'échec.

Lorsque la convention d'armistice entra en vigueur, les soldats se retirèrent au nord du Cher qui définissait la ligne de démarcation entre zone occupée par les Allemands (au nord) et zone non occupée ou *libre*, mieux dite par dérision *zone nono*, au sud. Alors commença une nouvelle vie pour moi et mon fichu vélo de sous-marque Aquilon. Comme frontalier, et peut-être à cause de mon âge, j'avais droit à un sauf-conduit (*Ausweis*) qui permettait d'aller en zone occupée en franchissant le poste allemand situé sur le pont du Cher. Mon meilleur ami passait les interminables vacances de l'autre côté, dans la propriété de sa grand-mère. Résidant en zone occupée, il ne pouvait pas se rendre en « nono » : la circulation n'était possible avec *Ausweis* que dans un sens, le mien. J'allais donc le rejoindre à bicyclette tous les après-midi.

Le courrier était interdit entre les deux zones. Il serait permis plus tard au moyen de cartes postales stéréotypées sans enveloppes, accessibles à la censure, d'une rédaction hilarante traduite de l'allemand, connues sous le nom de « cartes interzones ». La triche avec les formules toutes faites du stéréotype devint un sport national. On a la résistance qu'on peut. Muni de mon *Ausweis*, je passais sans crainte sur mon infâme Aquilon avec des lettres dans mes chaussures. Je trouvais les superbes Allemands un peu crétins de ne jamais rien me demander. C'était un jeu auquel sa facilité fit bientôt perdre tout intérêt.

Ce qui m'attendait chez mon ami, en revanche, était magnifique.

Les Allemands occupaient la maison et son parc, immenses à mes yeux d'enfant. Mon ami m'entraîna aussitôt près d'un groupe de soldats qui consacraient leurs vastes loisirs à tenter de remettre en route la vieille voiture de la maison. C'était une 5 CV Citroën, modèle surnommé « Bigorneau », rivale et successeur héroïque de la Ford T de la fin des années vingt. La jovialité bonasse de ces braves gens qui venaient d'écraser l'armée française nous encouragea à leur déclarer la guerre.

Nous avions les moyens. Les Français avaient abandonné dans leur fuite tout un arsenal, dont des dizaines de fusils, des fusils mitrailleurs, une mitrailleuse, les munitions *ad hoc* et surtout une chenillette biplace qui nous émerveilla par ses deux hémisphères rotatifs blindés où venait se nicher la tête des opérateurs. On imagine la joie de deux garnements de douze ans découvrant ces trésors. Les fuyards avaient eu la conscience et le temps de démilitariser ce matériel avant qu'il ne tombe aux mains de l'ennemi. Les armes à feu n'avaient plus de culasse et le moteur de la chenillette avait été saboté. Mais notre imagination y suppléait, et les munitions, qui se comptaient par centaines, étaient intactes.

Nous combattions donc les soldats allemands qui se tordaient de rire. Il est vrai que, blonds tous les deux, mon copain et moi devions avoir un aspect vaguement germanique, évocateur des frères ou des fils que ces hommes avaient laissés de l'autre côté du Rhin, d'où, peut-être, quelque attendrissement : on sait combien les Allemands ont l'âme sentimentale, *Horst Wessel Lied*, *Lili Marlene*, *Mon beau sapin* et *tutti quanti*.

Nous rampions dans les allées, le fusil à la main, criant « pan-pan » quand s'offrait une cible, « tac-tac-tac-tac » lorsque nous tenions une position de fusils mitrailleurs à l'abri des massifs de rosiers, ou que nous servions la mitrailleuse inerte abandonnée sous un araucaria.

Mais il nous fallait une action plus concrète et, en quelque sorte, plus explosive. Nous apprîmes vite à arracher avec des pinces les projectiles de leurs étuis (les pékins disent « douille ». Le mot est vilain, inexact, et ne fait pas martial). L'intérieur était rempli de petites écailles d'un bleu-noir chatoyant qui sentaient la balle de ping-pong : c'était la poudre, faite de lamelles d'un composé nitrocellulosique. Ayant déjà brûlé, pour voir, quelques balles de ping-pong, je compris instantanément le parti que nous pourrions tirer de cette trouvaille. Mon copain dénicha un stock de boîtes à biscuits vides. On trouve de tout dans les vieilles maisons où l'on cultive depuis des générations l'art de garder ce qui peut toujours servir et ne sert jamais à rien. Les fondateurs de Lefèvre-Utile étaient loin de prévoir l'usage que deux guerriers en culottes courtes feraient un jour des caisses métalliques où l'on rangeait leurs fameux « petits-beurre » dont on croque le bord comme des orteils d'enfant. Nous vidâmes dans ces caisses la poudre de centaines d'étuis, et y mîmes le feu. Par chance, une intuition – plus qu'un raisonnement technique – nous dissuada de replacer les couvercles sur les caisses après y avoir jeté une allumette enflammée. Il n'y eut donc pas d'explosion, mais des flammes gigantesques qui grillaient les arbres sous lesquels nous opérions. Cellulose pour cellulose, celle des sapins se consumait avec emphase. Indifférent aux incendies de forêt, l'ennemi nous regardait faire d'un œil paterne.

2

Le retour à Paris fut sinistre après ces vacances éblouissantes. La gare de Noyers et le train n'étaient éclairés que par des lumignons violets supposés invisibles en altitude, précaution dérisoire contre les bombardements. Cette couleur de deuil n'annonçait rien de bon. Les cœurs se serraient pendant la traversée de banlieues désolées, sans lumière, à une allure de tortillard, tandis qu'on s'approchait de Paris.

Nous débarquâmes gare d'Orsay, où descendaient les voyageurs des beaux quartiers arrivés par le PO Midi[1]. Le train avait du retard et le couvre-feu était tombé. Dans la France occupée et privée d'essence, il n'existait plus de taxis qui, d'ailleurs, n'auraient pas pu circuler à cette heure. Le métro était fermé. Nous clopinâmes en famille interminablement jusqu'à la plaine Monceau, chargés comme des baudets, arrêtés tous les cinq cents mètres par des patrouilles.

1. Chemin de fer de Paris à Orléans et au Midi.

Hélas ! mes parents, qui se croyaient ruinés, avaient abandonné le bel appartement de mon enfance pour louer dans le même quartier un logement si moche et si étriqué que je crus d'abord à une mauvaise plaisanterie. L'entrée minuscule était pauvrement éclairée par un plafonnier à l'œil chassieux. Je pris possession d'une chambre où l'espace était si mesuré qu'on ne pouvait y mettre qu'un lit à système qui se repliait en hauteur contre le mur. Mes sœurs se partageaient l'autre chambre. Mes parents, suprême déchéance, dormaient dans le salon où trônait l'unique source de chauffage, un gros radiateur à gaz en fonte émaillée vert bouteille muni de briquettes réfractaires. Je trouvais qu'on en rajoutait sur la guerre ; mon snobisme révolté eut peine à étouffer ses sanglots.

Ruinés, mes parents ne le furent heureusement pas. Limousin, mon père exportait dans diverses parties du monde sa porcelaine natale ainsi que d'autres produits, verrerie, cristallerie et faïence, qui relèveraient aujourd'hui des *arts de la table.* L'embargo et l'Occupation auraient dû tout arrêter. Mais le système D qui nous avait fait perdre la guerre nous fit gagner la défaite. Cette activité subsistait, avec bien d'autres, hors la zone de domination britannique, en passant outre les interdictions, empêchements et pénuries de toutes sortes. Je garde le souvenir des visites étonnamment fréquentes des agents hollandais et belge de mon père, tous deux violemment anti-Allemands et hardis résistants, qui venaient pleins d'histoires de sévices des occupants et des ruses de leurs plats pays pourtant si peu propices aux maquis. Un des fournisseurs de mon père, qui était aussi un ami proche, le comte de V., réussissait à faire tourner son usine de Saint-Amand-les-Eaux tout en animant un réseau de résistance. Il sillonnait le pays à bicyclette. Gêné par des hémorroïdes, il avait monté la selle à l'envers. Ce dispositif devenu légendaire assura la popularité de son inventeur.

La bicyclette du comte fait réfléchir aux moyens de transport de l'époque. Les chemins de fer étant indispensables aux armées d'occupation, on comprend qu'ils recevaient les allocations de charbon leur permettant de fonctionner à un régime réduit. Ce qui se passait aux deux bouts reste un mystère, auquel aucun historien ne s'est intéressé. Il devait bien rester quelques camions roulant au gaz de bois, les fameux *gazogènes* à la silhouette de locomotives préhistoriques, mais pas assez pour les échanges qui irriguaient une persistance *a minima* de la vie économique. Peut-être le doit-on à la figure régressive du cheval clandestin. Ceux qu'on ne mangeait pas étaient rendus à leur vocation motrice.

Parallèlement, mon père dirigeait une affaire de gestion d'ententes industrielles – des mini-cartels parfaitement licites à l'époque –, qu'il transforma habilement en une sorte d'usine à syndicats professionnels lorsque la législation changea après la guerre. Cette activité se poursuivit pendant l'Occupation dans le contexte ratatiné mais vivant de ce qui restait de l'industrie française.

Donc, de ruine point, mais le carcan des restrictions qui s'abattit sur la population.

Les Jèzes du voisinage ayant disparu, et Franklin étant trop loin, j'entrai au lycée Carnot, gigantesque villa mérovingienne révisée Eiffel, avec verrière et gratuité. Coup de foudre immédiat. La discipline y était à peine moins stricte que chez les bons pères, mais le professeur principal (français, latin, grec) s'appelait Kervarec'h, aussitôt surnommé *Queue de vache*. Rien que cela valait le déplacement et entraînait une adhésion immédiate. À cause de la pénurie de charbon (« ils nous prennent tout »), il n'y avait cours que le matin, ce qui complétait la séduction. Mes nouveaux camarades étaient épatants, plaine Monceau, appartements beaux volumes, trains Hornby, de quoi me consoler de mon lit pliant vertical à système. La guerre égalisait tout, à quelques exceptions sur lesquelles on reviendra. Pas de religion obligatoire, ce qui était un soulagement. Les catholiques vrais et faux suivaient facultativement le cathé sous la férule d'un aumônier, dont la présence au lycée était une innovation de Pétain, et auquel nous demandâmes aussi sec des preuves de l'existence de Dieu, qu'il fut bien en peine de produire. La cagoterie de l'époque l'empêchait sans doute de comprendre que raison et religion appartiennent à deux univers distincts et parallèles qui se côtoient sans s'intersecter ni se contredire.

3

À Noël, l'hymne du *Beau Sapin* s'élevait des lignes allemandes. Jésus cessa de faire la guerre des deux côtés après qu'Hitler eut attaqué les Soviétiques, lesquels faisaient profession d'athéisme.

O Tannenbaum, o Tannenbaum
wie treu sind deine Blätter!
Du grünst nicht nur
Zu Sommerzeit,
Nein auch im Winter, wenn es schneit…

Ceux qui n'étaient pas tués gelaient vivants pendant que nous déballions nos cadeaux autour du poêle à sciure.

Dans nos familles, Noël était voué à la religion. Les enfants n'y recevaient que de menues friandises. On fêtait le « petit Jésus », avec un grand mépris pour la figure païenne du « Père Noël ». Les cadeaux d'importance, appelés « étrennes », arrivaient le 1er janvier, jour profane. On comptait beaucoup sur les parrains : pas moi, car le mien, pour mon malheur et mon édification, était éditeur de livres pieux. Alors que j'attendais des avions, des autos, des bateaux, j'avais droit tantôt à un missel romain (*imprimatur* de l'évêque, ce qui n'arrangeait rien) tantôt à une *Imitation de Jésus-Christ*, illisible cafarderie du nommé Thomas Hemerken dit A Kempis dans une traduction narcotique de Corneille ou de Lamennais. Mes parents étaient plus généreux. Je me souviens d'une superbe locomotive Hornby verte, achetée d'occasion et probablement très cher (car rien, d'évidence, ne venait plus d'Angleterre), qui fit ma joie en roulant avec panache sur mon réseau franchouillard de la maison JEP. Cette Hornby, avec ses bielles étincelantes et ses vrais-faux pistons mobiles, me faisait remonter dans ma propre estime, blessée par la bicyclette de sous-marque Aquilon.

Les circonstances n'empêchaient pas le patriotisme aéronautique. J'aimais les avions ; ce goût m'est resté. On vendait sous le nez des Allemands de merveilleuses maquettes d'avions à découper, œuvres d'un certain Marcus. Grâce à une astuce de génie, elles s'assemblaient sans collage par un système de fentes et de tenons. Au cours d'une interminable grippe (mais qu'était-ce, au fait, qu'une *interminable grippe* lors du terrible hiver 1940-1941 ?...), on m'offrit la collection complète des avions militaires français des années trente. Ciseaux en mains, je peuplai ma chambre de toute une flotte aérienne punaisée au plafond. Je passais mes journées à fabriquer et à contempler ces petites merveilles. Quelque chose me disait bien que, côté technique, mes avions étaient en retard et frisaient la ringardise ; il suffisait de comparer leur silhouette avec les photos d'appareils allemands parus dans *Signal*, spécialement les Stukas et les Messerschmidt 108. Nos Dewatine 520 et nos Morane 406 n'étaient pas trop moches, mais les Potez, les Farman et les Bréguet faisaient triste figure. Il restait même quelques biplans. Couché sur mon lit de malade, je n'en imaginais pas moins des combats victorieux. Trop tard, bonhomme ! Et où étaient les Guynemer et les Fonck ?

4

Environ mes treize ans, l'immersion dans les belles-lettres fut soudaine et complète comme un baptême. Mon père enclencha le processus en me mettant entre les mains *Cyrano de Bergerac*, dont j'ai gardé le bel exemplaire frappé aux initiales de la famille, or sur maroquin. Je tombai en catalepsie. Le Gascon fut l'inspirateur de mon premier sonnet. Je débordais d'une adoration qui ne contribua pas peu à la nullité du poème :

« Je t'aime, ô Cyrano, mon courageux bretteur. »

Etc.

On ne peut pas dire que j'aie été un écrivain précoce.

Je basculai avec ivresse des livres pour enfants aux livres pas pour enfants. Je relus cent fois *Cyrano* au point de le savoir par cœur sans l'avoir appris. Quelques détails m'échappaient. Je ne comprenais pas l'expression

« mari postiche » à propos du vicomte de Valvert que de Guiche veut forcer Roxane à épouser pour se la faire en toute tranquillité. Je ne saisissais donc pas le motif de la querelle entre Cyrano et Valvert après la tirade « des nez ». Valvert n'était pour moi qu'un jeune crétin plein de suffisance et d'afféterie, un « gommeux » comme on disait en ce temps-là. Il n'en méritait que mieux d'être transpercé sous sa maheutre. Comme j'étais déjà d'un naturel soupçonneux, il était évident pour moi qu'à l'acte V, c'était de Guiche qui, quinze ans plus tard, faisait tuer Cyrano d'un coup de bûche. Je fus lent à réviser ce jugement téméraire, et à reconnaître en de Guiche un brave maréchal vieillissant, une espèce de Pétain en quelque sorte.

J'eus trois piliers de culture : pas de quoi faire un péristyle. Le premier fut le *Larousse universel du* XXe *siècle* en deux volumes, dans la version familiale d'environ 1930. Je passais des heures penché sur les planches qui reproduisaient en noir et blanc *les chefs-d'œuvre de la peinture*. L'art pompier y tenait une place démesurée. C'est ainsi qu'avec quarante ans d'avance, j'appris à aimer Cormon, Luc-Olivier Merson, Paul Delaroche, William Bouguereau et leurs étalages de chairs pâles, Evariste Luminais et ses

Vikings roussâtres prêts, entre deux vagues, à débarquer pour kidnapper des bonnes sœurs. Les enfants d'Édouard m'émouvaient avec leur coupe de cheveux éponyme : le descriptif du tableau expliquait qu'ils seraient bientôt étranglés sur ordre de leur méchant oncle qui s'assurerait ainsi la couronne d'Angleterre sous le nom de Richard III. Brave Tyrrell, l'exécuteur qui comprend à demi-mot une mission inavouable ! « Tyrrell, je t'ai dit que je voulais être roi. » C'était une préfiguration des sentences de mort euphémistiques de la CIA : *Terminer avec préjudice extrême.* Il est vrai que les Américains visaient surtout des bourreaux ou des ennemis publics, et qu'ils rataient souvent leur cible. Les civilisations bénignes ne brillent pas dans l'assassinat.

On trouvait dans le *Larousse*, illustré de dessins charmants, tout ce que le savoir voulait savoir. C'était *l'Encyclopédie* en deux kilos. Les soldats français étaient pimpants et démodés, les tanks ressemblaient à des cartons à chapeaux montés sur roulettes : il était sûr que les uns et les autres allaient perdre la prochaine guerre. La littérature était émondée : pas de Rimbaud, Baudelaire y figurait tout juste avec une note de blâme. Mais Paul Bourget ! Henry Bordeaux ! Roland Dorgelès !

Mon deuxième pilier fut *À la manière de…*, par Paul Reboux et Charles Muller[1] . Outre le talent des pasticheurs, l'intéressant était la déformation des perspectives. Georges d'Esparbès (obscur auteur d'une *Légende de l'Aigle* admirablement illustrée) y côtoyait Racine, André de Lorde tutoyait Mallarmé, Paul Déroulède prenait Chateaubriand par le bras. J'eus du mal à rétablir les hiérarchies et retirai de cet exercice, incomplet et maladroit, une grande méfiance à l'égard des critères d'admiration littéraire.

La plus époustouflante de ces parodies était celle de Stéphane Mallarmé. Il y figurait deux sonnets. Le premier – outre sa version « originale » – était traduit de Mallarmé en français, mais pas le deuxième, les auteurs disant trop respecter leurs lecteurs pour leur mettre sous les yeux la version en clair.

Voici celle que je propose :

1. Bernard Grasset, 1920.

SONNET
MALLARMÉ

Orgueil du grand sitôt en extase cabré,
D'ombre et torse forêt en qui la même
absconse
Fut. Étoile vitreuse où le nombre
s'annonce,
Ascension clamée au trouble de l'entré.

Accord du geste avec le destin conjuré,
Verticale attestée en sa double réponse,
Pourpre en immensité banale, et si je
fonce,
Pars, cri silencieux, et règne, soupiré!

Alors, quand révolu triple s'itérative
L'astre, flux que soudain cueille
une main craintive
Où l'infini du peu déploie un vol impur

Et l'arc ainsi bandé par la détresse aiguë
Fera, foudre d'acier, incendie et ciguë,
Luire des larmes d'or aux blancheurs
du futur.

TRADUCTION
DU BOUCHERON

Le sexe orgueilleux, cabré par le désir
Hors de la touffe ombreuse et frisée
des poils pubiens où il se cachait,
Fuse dans la répétition de ses assauts
Lorsqu'il monte en fureur là où il hésitait
à entrer.

Joignant le geste à la parole,
Le membre dressé verticalement entre
les deux roustons
Pénètre dans la chair pourpre offerte à tous
Avec un cri de volupté qui s'achève
en soupir.

Par trois fois, aidé d'une main timide,
il se prépare à l'inonder sans la satisfaire.

Il bande comme un malheureux,
puis il s'enflamme jusqu'à l'explosion
qui répand la blanche semence des
générations futures.

Philippe Huc fut mon troisième pilier sous le pseudonyme de Tristan Derème. Ce poète de l'école fantaisiste, à l'érudition gigantesque, me fournit une mine de citations pour mes dissertations françaises. Entraîné par mon élan, j'en vins à saupoudrer mes devoirs de fausses citations qui, je le dis avec fierté, ne furent jamais détectées par les correcteurs. Ce procédé franchit avec succès mes études supérieures, sans dommage pour personne puisque les examinateurs sont morts. Derème était un saltimbanque qui jouait au bilboquet avec les mots. Il avait inventé une façon à lui de les découper, ainsi :

« Rappelez-vous le soir où nous riions
De Septen qui cherchait, avec His, deux trions ».

Le même Derème avait composé ce quatrain qui me ravit encore :

« Rien ne va plus, et c'est trop tard qu'on délibère,
Quand bouillonne l'eau noire au funèbre aviron,
Et qu'un empire obscur tremble aux cris de Charon,
Comme au triple aboiement de l'unique Cerbère. »

Cerbère était un chien à trois têtes, qui gardait les Enfers. Ce triple aboiement d'un seul chien formait, malgré le caractère sinistre de l'environnement, l'expression d'une trinité ravissante.

Derème m'a accompagné fidèlement jusqu'au jour où ses deux chefs-d'œuvre, *L'Escargot bleu* et *La Tortue indigo,* ont été pulvérisés dans ma bibliothèque, réduits en poudre par la mauvaise qualité du papier des années quarante.

J'ai déjà dit ma dévotion pour les écrivains mineurs, comparable à celle des Bretons pour leurs petits saints locaux.

Paul-Louis Courier repose en bonne chapelle parmi ces figures dédaignées. Nous autres, ses quelques *fans*, ses rarissimes lecteurs, nous l'appelons familièrement Paul-Louis, comme il se désignait lui-même. Cette simplicité sied à la brièveté d'un auteur qui tranche avec l'abondance du romantisme. Il est de la famille des secs qui grattent et piquent avec un bruit d'étincelles. C'est un écrivain pour adolescents. Comme eux, il déteste tout. Il n'a de cesse de fuir l'armée où il est officier, et rate sa carrière à force de déserter pour aller dans les bibliothèques lire les classiques grecs : bien que mathématicien comme tous les artilleurs, il préfère les belles-lettres. Méprisant l'intrigue et l'influence, il en use pour échapper au châtiment qui attend son inconduite militaire. Candidat à l'Académie, il la loue de l'avoir écarté au profit d'un homme de cour sans culture. Les érudits, dont il est, ont le tort – dit-il –

de se consumer en travaux quand quelques révérences bien placées vous valent prébendes et sinécures. Il se dit paysan, vigneron, forestier, défend dans ses pamphlets le peuple villageois contre la Terreur blanche où les gendarmes accourent derrière les ostensoirs, mais il accumule querelles et procès de voisinage, de sorte que cet élégant gentilhomme campagnard habite un taudis et finit dans un drame sordide, assassiné par son garde-chasse avec la complicité de Mme Courier. Sa vie manquée est un chef-d'œuvre ; son œuvre un chef-d'œuvre avorté.

Alphonse Karr, autre saint de deuxième division, niche pas très loin de Paul-Louis. Son style ricaneur est à la Monarchie de Juillet ce que Paul-Louis est à la Restauration : les combats sont différents, mais les épées se ressemblent. Karr cependant a un côté bonhomme qui manque entièrement à Paul-Louis, derrière qui la mort veille avec sa faux. Ce n'est pas que Karr fût à l'abri de l'homicide : quand on dit du mal de tous, on risque d'en fâcher quelques-uns. Louise Collet[2] se fâcha, et vint lui demander raison. Il la précédait dans l'escalier, quand un pressentiment lui fit tourner la tête à temps pour voir la belle Louise brandir

2. Poétesse alors célèbre, égérie à facettes et multicoucheuse professe.

en direction de son dos un immense couteau de boucher. Il la désarma sans peine. Sa seule vengeance fut de publier dans sa revue satirique, *Les Guêpes,* un portrait du couteau par le dessinateur Couveley, avec cette légende : « Donné par Mme *** (dans le dos). »

Je soupçonne par déduction sur pièces un de mes aïeux d'avoir couché avec cette dame *sans avoir été le moins du monde assassiné.* C'est ainsi que Karr qualifiait les promenades bourgeoises de Louis-Philippe, qui inventa la monarchie parlementaire à la française où le roi règne sans gouverner, et, entre deux tentatives de meurtre, parcourt le royaume en gibus et en parapluie pour inaugurer les chrysanthèmes.

C'est à Karr que l'on doit la découverte d'Étretat. Après une tempête où périrent de nombreux pêcheurs, il lança une souscription de secours aux familles, et prit plaisir à publier une liste de donateurs où ne figurait aucun politicien autoproclamé « ami du peuple », alors que Louis-Philippe et sa famille avaient généreusement participé.

Georges Fourest est resté mon petit saint local préféré. Il a le mérite d'être limousin comme moi. Le Limousin est un pays où tous les noms finissent en -aud, sauf Fourest, Giraudoux et du Boucheron, et qui offre à l'oreille des connaisseurs une intéressante singularité linguistique : les Limousins parlent avec l'accent d'oc, leur patois aujourd'hui quasi éteint est un dialecte roman, alors qu'ils n'ont rien de méridional, ni dans l'aspect ni dans le tempérament. Pas d'éleveurs de chèvres, des maçons qui bâtirent avec taciturnité le Paris du baron Haussmann ; pas de troubadours, des militaires au crâne plat ; pas de cours d'amour, une paysannerie communiste que consume sa haine des propriétaires. Limoges est la ville la plus laide de France, et par conséquent du monde, et Fourest, qui appartenait au barreau, s'y ennuyait si fort qu'il avait ainsi rédigé ses cartes de visite :

Georges Fourest
Avocat *loin* la cour d'appel de Limoges.

C'est lui qui inventa, à l'éternelle gratitude des amateurs, le *Carnaval de chefs-d'œuvre*, ni pastiches, ni parodies, mais résumés hilarants dont le plus célèbre, celui du *Cid*, finit ainsi (c'est Chimène qui parle et c'est la chute d'un sonnet à la versification parfaite) :

« Qu'il est joli garçon, l'assassin de Papa ! »

5

Nulle propagande n'entrait au lycée. On entrevoyait tout juste les orientations de certains professeurs.

Le père d'un de nos camarades, un colosse retentissant qui nous ravissait par son brillant et sa drôlerie, eut l'idée d'inviter son petit monde – notre classe de troisième – à fêter chez lui la prise par les Japonais de Singapour, alors colonie britannique. Mme Colosse nous régala de jus de fruits à la saccharine et de canapés sans tickets. Ce n'était pas qu'il détestât les Anglais dont il appréciait la langue et la culture ; simplement il trouvait le Japon sympathique, avec ses femmes qui marchaient sur des petits ponts de bois.

Au lendemain de la Libération, l'épuration lui fut clémente : on le *déporta* pendant un an, avec plein traitement, dans un excellent lycée du voisinage. Son fils en conçut pour le général de Gaulle une haine implacable qui le fit paradoxalement virer à gauche, nuance goguenarde[1].

Beaucoup plus tragique fut le destin de notre professeur principal suivant, M. Bouvet, qui disparut sans explication au cours du troisième trimestre de l'année scolaire 1942-1943. Dans un autre style, c'était aussi un modèle de savoir et de pédagogie, et nous l'aimions autant pour sa discrétion que son prédécesseur pour son bruit. À aucun moment nous ne soupçonnâmes la raison de son absence. Nous n'avons su la vérité que beaucoup plus tard.

Il fut remplacé sur le champ, sans commentaires, par un autre résistant qui ne se fit pas prendre et eut après la guerre une carrière politique.

La guerre n'était qu'une vague toile de fond. Nous étions plus proches de la mythologie grecque et des héros du théâtre classique que des événements où se jouait le sort du monde.

Pourtant, malgré la neutralité ambiante, je me fis un jour le porte-pinceau demi-conscient de la cause anti-allemande. Ce fut à l'occasion du cours de dessin,

1. Mitterrand, président de la République, le nomma administrateur général de la Bibliothèque nationale. Le ministre de la Culture, Jack Lang, le révoqua peu après pour le punir de n'avoir pas compris qu'il fallait cogérer l'institution avec la CGT.

discipline méprisée. Je dessinais catégoriquement comme un pied (cette infirmité m'est restée). Je n'avais à mon actif que quelques illustrations de mes pièces de théâtre : une tête émaciée de grand pervers aux yeux profonds pour *La Maison sous le vent du Nord* ; un Prométhée sur son rocher, donc avant délivrance, avec pectoraux géométriques et chevelure à la Jean Marais (pas de vautour, trop calé) ; des colonnades avec brûle-parfum sur la mer pour *Pénélope*. De Pénélope elle-même, point : elle m'intimidait.

Le prof de dessin nous demanda de peindre une scène de la vie quotidienne à Paris. Je pris pour cadre le métro, familier et facile, quais, rails, forme quadrangulaire de la rame, demi-cercle des embouchures du tunnel, simples et peu fatigants à délinéer avec une règle et un compas. On flanquerait ensuite quelques lignes courbes pour faire vrai. Le métro arrivait, vert avec ses gros yeux. Et, sans trop savoir pourquoi, je peignis sur le quai un soldat allemand, vert lui aussi, à qui un quidam expédiait un coup de poing dans la figure. Ce n'était certes pas une scène familière, qui se fût dans la réalité traduite par l'exécution de quelques otages (affiches rouges) et la mise aux arrêts pour plusieurs jours de la population parisienne (affiches jaunes). Mais j'eus la meilleure note. Ce qui prouve... ce qui prouve quoi ?

Seule comptait la culture classique, section A, latin-grec-une langue. Au mépris des intérêts de l'occupant, l'anglais était quasiment l'unique langue étrangère choisie par les élèves. Je n'ai pas le souvenir d'un seul de mes camarades ayant préféré l'allemand. Curieusement, notre professeur d'anglais s'appelait Mallarmey, comme le poète (lequel était aussi professeur d'anglais à ses moments perdus) mais avec un « y » en plus. C'était un rigolo qui prononçait Shakespeare avec un merveilleux nasillement du XVIIe arrondissement (sud) agrémenté de « r » roulés à la bourguignonne. Il avait une manière à lui de se payer la tête des cancres – ainsi, à un d'Ornano, le futur ministre, ou son frère, immense garçon qui tranchait sur la petite taille de notre âge : « Monsieur d'Orrrnano – en ce temps que je n'ose dire béni, jamais un prénom –, descendîn de vaûtre pairrrchouinrr » (Descendez de votre perchoir).

Après constatation de la quasi-innocuité des bombardements alliés sur Paris, nul ne se souciait chez soi des alertes aériennes. De jour, on restait à la fenêtre pour voir passer les escadrons d'avions dans lesquels la Flak – la DCA allemande – réussissait parfois à faire un trou. Au lycée, où l'évacuation était de règle, les alertes fournissaient une diversion appréciée. Nous quittions la salle de classe en rangs et en silence, sous la conduite du professeur alors en fonction, pour rejoindre l'abri situé de l'autre côté de l'avenue. Les coupures de courant étaient fréquentes, et l'obscurité favorisait de fabuleux chahuts. À la suite de l'un d'eux, dont j'avais été l'orchestrateur, je fus renvoyé du lycée pour quelques jours. C'était dans ma famille, et particulièrement en ce qui me concernait en qualité de bon élève[2], un scandale sans précédent, bien que résultant en l'occurrence d'un quiproquo. Le cours interrompu était donné par un certain M. Paul (surnom : Popaul), agrégé d'histoire, peu populaire en raison de l'ennui qu'il distillait, mais aussi (il faut l'avouer) d'un milieu de visage singularisé par un nez à la Cyrano. On ne dira jamais assez l'atténuation qu'apporte à la culpabilité des chahuteurs l'aspect physique de certains professeurs, qui peut être assimilé à une provocation. Or nous venions de rencontrer, en classe de grec, l'exclamation épique ὢ πόποι (pron. *ô popoï*), qui signifie « Hélas ! hélas ! » appropriée aux circonstances tragiques dont l'Antiquité est friande. Nous en aimâmes aussitôt la sonorité gémissante, et nous passions les récréations à nous jeter à tous propos

2. Bon élève = fayot.

des « ô popoï » à la tête. Hélas, hélas, dans l'obscurité que je croyais complice de l'abri où nous étions réfugiés sous la houlette du malheureux Popaul, j'entonnai un « ô popoï, ô popoï », aussitôt repris en chœur, que Popaul prit pour lui à cause de la quasi-homonymie avec son maudit surnom. Malentendu sous les bombes destinées à la gare de triage des Batignolles, qui dura jusqu'au retour vers leur base des avions ayant échappé à la Flak. À la sortie, Popaul ne me rata pas et me fit renvoyer. Flak.

L'accueil familial fut glacial. Mon père ne comprit pas la punition qui consistait à me mettre en vacances pour plusieurs jours. Il alla prier le *surgé*[3] de m'infliger de quoi meubler mes loisirs forcés, par exemple une version latine de dix pages qui ne manquerait pas d'enrichir mon vocabulaire. Rien n'y fit : le renvoi suffisait ; le lycée ignorait la *double peine*. Il suffisait donc de se payer la tête d'un professeur pour s'octroyer plusieurs jours de bon temps.

Je fus renvoyé une autre fois, pour un regard. J'eus droit à une semaine en raison de ma qualité de récidiviste. C'était pendant un cours de gymnastique. On ne disait pas encore « éducation physique », périphrase grotesque mise

3. Surveillant général.

à la mode par des *enseignants* qui veulent se donner un air technique. Nous étions tous nuls car, en section A, nous nous prenions pour des intellectuels et dédaignions les performances corporelles au point de mépriser ceux d'entre nous qui, par exception, y excellaient. La seule discipline sportive que nous considérions avec quelque faveur était l'escrime, grâce au maître d'armes, très populaire pour avoir interpellé en ces termes un élève particulièrement mollasson : « Monsieur Letourneur (le nom a été changé à la demande de l'intéressé), croyez-vous que la masturbation soit un bon entraînement à l'escrime ? »

Le mépris pour la « gym » s'étendait bien sûr au misérable prof qui essayait de nous intéresser à notre musculature. Les leçons sécrétaient un prodigieux ennui. Un exercice suscitait particulièrement notre ironie, celui des massues, avec lesquelles nous devions exécuter des figures à la délicatesse empotée. Lors d'un de ces exercices, le prof détecta dans mes yeux une lueur qui lui déplut. « Vous avez un regard qui frise l'insolence », me dit-il. L'idée de friser l'insolence était plaisante. Sur quoi il me fit sortir et obtint mon renvoi immédiat. Il n'y avait pas alors l'instance aujourd'hui connue sous le nom de « conseil de classe », auxquels assistent des représentants des élèves et où les *enseignants* se livrent pour leur plaire à la plus grande démagogie afin de faire échapper les perturbateurs et cancres aux punitions qu'ils méritent. Non. Il y avait un conseil de discipline, présidé par le surgé, une bête féroce, où les affaires étaient tranchées séance tenante et sans appel pour le bien de l'enseignement. Bravo le renvoi et vivent les vacances ! Mon père, qui ne connaissait de sports que le tennis et l'équitation, se moqua des massues et renonça à demander l'aggravation de mon châtiment.

Les choses n'étaient pas toujours aussi agréables. Les colles tombaient comme à Verdun. On les faisait l'après-midi au lycée, donc sans chauffage. C'est dire que la conduite des lycéens était sensiblement meilleure en hiver qu'en été. J'ai le souvenir d'une punition particulièrement athlétique, pour un méfait collectif dont j'ai oublié la nature, qui consistait à analyser *grammaticalement* tout l'Acte I de la tragédie *Athalie*. Pensez, trois cent soixante-sept vers alexandrins, mot à mot ! Nous voilà donc vingt-cinq garnements à gratter ensemble sous l'œil soupçonneux d'un pion :

Oui : particule affirmative, etc.

Je : pronom personnel de la 1re personne du singulier, sujet du verbe « viens ».

Viens : 1re personne du singulier de l'indicatif présent du verbe intransitif « venir ».

Dans : préposition, etc.

Etc.

Certes, nous préférions l'analyse grammaticale à l'analyse logique, moins ouvrageuse mais aux concepts dont l'élasticité tangente le flou qui favorise aujourd'hui les délires néo-structuralistes de la pédagogie moderne. Nous avions donc échappé au pire. Mais le choix du texte était calculé pour nous emmerder, avec sa solennité cafarde et ses bons sentiments guindés. Du Racine sans histoire d'amour, c'était du sadisme.

Nous avancions en littérature plus qu'en sagesse, indifférents aux événements. Nous nous bornions, entre nous, à répétassonner du bout des lèvres les opinions de nos parents, sans y attacher la moindre importance, de sorte que la camaraderie n'était fracturée par la constitution d'aucun clan. On ne faisait que deviner la ligne de partage entre ceux dont la famille était venue de zone dite libre ou nono, sagement et durablement pétinistes, et les Parisiens dont la gouaille ricaneuse était plutôt germanophobe et critique à l'égard de Vichy, si lointaine et si absurde avec ses eaux pour le foie. « Garçon, un quart Vichy et le catéchisme », caricaturerait Sennep (dessin publié après la Libération). Mais contrairement à toute vraisemblance, on ne se chamaillait jamais pour ce qu'on appelait parfois « la politique » et qui, bien sûr, n'en était pas. De haine pour les soldats qu'on voyait défiler dans les rues en chantant « Hali-Halo-Hala », nulle trace dans ce qui nous tenait lieu de cœur. En ce qui me concerne, le patriotisme était mort pour toujours après ce que j'avais vu sur le pont du Cher. Il mourrait plus tard pour tout le monde, après l'Indochine et l'Algérie, et dans l'aveuglement à l'égard de l'impérium soviétique, au profit du football et des guerres de rues.

6

C'est chez les scouts que je pratiquai, sans état d'âme ni conviction, une sorte de pétinisme[1] larvaire. La situation de ce mouvement pendant l'Occupation était paradoxale. Les scouts, fondés par Baden Powell, étaient d'origine britannique. En franchissant la Manche, ils se gallifièrent et, de protestants qu'ils étaient à l'origine, ils devinrent catholiques de la variété extrême de culs-bénits. Ceci convenait à la dévotion des familles, tout en les débarrassant du tracas d'occuper les garçons les jours sans école. Donc j'adhérai mécaniquement. Malgré le scepticisme et l'indifférence religieuse du vieux Maréchal, il y avait, au moins pendant une longue première phase, beaucoup d'affinités entre son régime et l'Église catholique. Par enchaînement logique, l'institution scoute se trouva donc massivement pétiniste.

1. On dit aujourd'hui « pétainisme », orthographiquement correct mais historiquement inexact.

C'est donc là, et nullement au lycée, que j'appris à chanter le *Maréchal, nous voilà*, avec sérieux, sauf à noter le comique du :

« Nous jurons,
Nous tes gars,
De servir et de suivre tes pas ».

« Servir les pas » d'un vieillard aussi âgé, certainement affligé de rhumatismes qu'on n'appelait pas encore *arthrose*, me semblait approprié à une démarche que les journaux, pourtant, s'évertuaient à décrire comme « alerte ». Je nous voyais soutenant le grand homme par les aisselles. Fidèle cependant à ma vocation de fayot, je chantais à tue-tête ; comme j'avais de l'oreille, on m'avait appris la seconde voix de cette mélodie à laquelle je préférais vaguement *La Marseillaise* ou *Le Chant du Départ*, faute, alors, peut-être, de connaître *L'Internationale.*

Je ne sais plus comment je me suis débrouillé lors de ma mue vocale, qui survint quand j'étais membre de la patrouille des « Faucons » à la VIIIe Paris. Chaque patrouille avait son cri de guerre, qui se poussait en deux parties, un appel suivi d'un silence et d'une réplique ;

le nôtre était « Faucons, faire… FACE ! » Un inévitable jeu de mots faisait que nous n'étions pas si faux que ça, ou même que nous n'étions pas faux du tout.

J'aimais l'uniforme à condition qu'il fût coquet et réellement uniforme. Ce goût fut l'occasion de ma première déception de scout novice. Les Allemands, dans leur politique française d'alors, louvoyaient entre le désir d'écraser et celui d'utiliser. En ce qui concerne les scouts de France, alors fort nombreux, environ cent mille, l'occupant se méfiait de leurs tendances paramilitaires tout en appréciant leur soumission à Vichy, vague garantie contre les « débordements ». Il en résulta une autorisation nuancée, avec suppression de l'uniforme décidément trop britannique, notamment le chapeau, proche de celui des *tommies*[2] de 1914-1918. Nous avions droit à un semi-uniforme assez pauvret : béret et culotte courte bleu marine, chemise blanche. Mais le mouvement gardait son foulard emblématique.

Je finis second de patrouille (je n'étais pas digne d'être chef), au terme d'une carrière qui ne commença pas bien et finit carrément mal.

2. Surnom affectueux des soldats britanniques.

L'initiation d'un jeune scout s'achevait par la cérémonie solennelle de la *promesse* où, devant le front de la troupe, on promettait quantité de choses impossibles, notamment d'aimer les plantes et les animaux. À première vue, ça n'a l'air de rien. Quand on s'y frotte de plus près, ça se gâte. Les prés, par exemple, on pense qu'on peut s'enrouler dessus autour de l'être aimé, *avec moins que rien de costume.* Quelle erreur ! La belle herbe d'un vert profond, ça coupe. Quand ça ne coupe pas, ça urtique, sans oublier les chardons, les pissenlits barbelés, les orties, les ronces, les prunelles qui, sans se contenter d'être immangeables, vous transpercent avec leurs épines si vous vous aventurez près des bordures. Dans les prés, dans les verts bocages, tout est pour l'œil. Corot, Daubigny, les vaches, oui. Mais pas nous autres. C'était une soixantaine d'années avant que Nicolas Hulot proclamât que toute vie est sacrée, y compris celles des anophèles vecteurs du paludisme (quatre millions de morts par an), des simulies qui transmettent l'onchocercose (cinq cent mille aveugles), et des glossines porteuses de trypanosomes responsables de la maladie du sommeil.

Le chef remettait à l'impétrant le foulard de la troupe, qui chantait en chœur : « Je veux t'aimer sans cesse / de plus en plus / protège ma promesse / Seigneur Jésus. »

Je ne fus pas long à trahir mon serment d'aimer les plantes. Nous campions sous la pluie à un jet de chique d'Ecquemauville où devait un jour mourir Françoise Sagan, étouffée par le tabac. En verte Normandie il est difficile d'aimer les plantes, car il en pousse une foule d'une spongiosité oppressante, surmontée par des arbres sous lesquels il pleut deux fois. Je devais avoir pris en grippe les bouleaux qui dégoulinaient sur nos tentes où la dureté des temps avait laissé bien des trous, car j'entrepris d'en dépecer quelques-uns dont l'écorce blanche me paraissait ne mériter que ça. Mal m'en prit, car nous séjournions dans la propriété spongieuse et familiale du chef de troupe. Je fus aussitôt traduit en Cour d'Honneur. Cette juridiction, composée de tous les scouts de la troupe, n'avait de cour que le nom puisque les sentences, sans appel et d'exécution immédiate, étaient prononcées par le seul chef qui, en l'espèce, était à la fois juge et partie. On avait dénudé *ses* bouleaux au mépris des serments. Je fus dégradé sur le front même des troupes devant lesquelles je venais d'être adoubé, et l'on m'arracha le foulard qui m'avait été passé au cou. Comme pour le permis à points d'aujourd'hui, il fallait un temps d'épreuve sans reproche pour remettre le compteur à zéro, ce qui fut fait après quelques mois,

et mon curriculum scout reprit son train de sénateur :
Scout de deuxième classe.
Scout de première classe.

Les débuts de ma carrière théâtrale scoute coïncidèrent avec sa fin. Je fus appelé à jouer le rôle du futur roi du Maroc, Hassan II, fils du sultan d'alors, dans une saga coloniale à la gloire du Protectorat. (C'était donc avant le débarquement américain à Casablanca, le 8 novembre 1942, qui inaugura le passage de l'Afrique du Nord sous le contrôle des Alliés.) Dans une scène émouvante, censée préfigurer l'avenir, je devais surgir d'une niche revêtu des attributs annonçant ma royauté future soumise à la bénévolence tutélaire de l'Empire français. Malheureusement, je me trompai à la fois de costume et de niche, et sortis en maréchal Lyautey avec le képi du conquérant au lieu de la gandoura du prince héritier. Grâce à cette bévue, l'avenir télescopait le passé dans un inextricable salmigondis historique. Je rentrai dans ma niche sous les huées.

Maréchal pour maréchal, je n'en continuai pas moins à chanter d'une voix désormais pubère :

«Maréchal, nous voilà…
Tu nous as redonné l'espérance,
Maréchal, maréchal, nous voilà!»

Mais il faut souligner que l'ardeur chorale était sans influence sur la progression en grade.

Je fus promu second de patrouille lors de mon passage à la patrouille de l'Hermine, devise: «Hermines, toujours… PURS», à un âge où il n'est pas toujours facile de le rester. À ce stade, il était convenable d'acquérir les dignités adventices, comparables (révérence garder) à celle de maréchal par rapport aux grades opérationnels, et consacrées par des diplômes appelés «badges». Oui! Dans cette France occupée où les larbins de radio se croyaient obligés de prononcer à l'allemande les noms des compositeurs germaniques, «Mautzarte», «Bééthôv'n», «Wâggneur»[3], les diplômes scouts étaient toujours baptisés «badges», mot anglais signifiant «insigne».

En zélé désireux d'économiser son zèle, je choisis de me porter candidat à deux badges, ceux de «liturgiste» et d'«historien de l'Église», qui, croyais-je, ne faisaient appel qu'à la mémoire. La mienne étant excellente, il me suffirait

3. Un de mes camarades, juif de génie, disait «Vanier» pour rire.

d'apprendre par cœur les petits fascicules correspondants. Ainsi fut fait, et après avoir sorti mon boniment devant l'aumônier, je reçus mes deux badges, en présence de l'inévitable Cour d'Honneur.

La honte me tomba dessus comme une volée de bâton sur le dos d'un âne. Tous les jeudis, jour de congé dans les écoles, il y avait messe obligatoire au local de la Troupe. « Vive jeudi, vive jeudi », braillait l'animateur d'une émission radio pour les jeunes, au mépris de l'idéologie officielle qui prônait le travail. Ce jeudi-là, après ma réception solennelle du badge de liturgiste, l'aumônier crut bon de me choisir pour servir la messe. Ce fut un désastre. Le fascicule de préparation n'imposant pas de travaux pratiques, je n'y connaissais rien, j'étais nul. Je me trompai de côté. Je confondis les burettes. Je restai debout comme un dépendeur d'andouilles au moment où j'aurais dû m'agenouiller, et vice-versa. Je m'empêtrai dans la séquence des dévotions. L'aumônier était d'autant plus furieux que l'assistance était impuissante à réprimer un rire incompatible avec la sérénité du service. Je ne coupai pas d'une Cour d'Honneur immédiate où, pour la deuxième fois, on me dépouilla séance tenante de la distinction qui venait de m'être conférée.

Le mouvement scout était débarrassé de moi. Je le classai sans retour dans l'ordre des « mômeries », dont le florilège, diligemment tenu à jour, devait guider ma vie.

Il m'en restait pourtant un trésor : la littérature scoute, dont j'avais idolâtré le héros principal, Éric, prince de Swedenborg, sorte de Monaco norvégien. Les illustrations de Pierre Joubert, discrètement homophiles, donnaient un charme ambigu à Éric et à ses compagnons. Prépubères trop vieux pour leurs glandes ou ados trop jeunes pour leurs pulsions, ils avaient les boucles blondes, les yeux clairs, le nez retroussé et le menton fort des canons nordiques.

À la différence des vastes shorts flottants des Faucons rouges[4] d'avant-guerre, stigmate des garçons du peuple, la culotte de mes paladins, courte, très courte, étroitement ajustée, laissait deviner, avant de les laisser jaillir, les cuisses fuselées de ces gamins androgynes. Mon innocence n'y voyait que du feu, de celui qui aurait à la rigueur pu incendier des nymphettes.

Éric était un prince à la tour abolie, dépouillé de son pouvoir par un premier ministre félon, le comte Tadek, à qui Joubert donnait l'embonpoint huileux et la complexion

4. Les scouts communistes.

olivâtre (pas facile à rendre au crayon) qui convenaient à l'emploi. Mais les scouts aux cuisses fuselées veillaient, et déjouaient le complot juste à temps pour qu'Éric, engagé dans l'armée française, pût chevaleresquement se faire tuer en juin 1940 par des soldats allemands qui se comportaient plus en frères d'armes qu'en ennemis.

De ma rencontre avec Éric date un amour maniaque des pays et de la culture scandinaves, exacerbé depuis lors par les intersections féminines, les lectures et les voyages.

Dès 1940, après avoir lu un bel album publié à la suite de l'agression soviétique, j'y avais agrégé la Finlande, qui n'est pas scandinave, mais possède les beautés et les vertus qui la rendent digne de l'être. À mon regret, je n'ai jamais pu, malgré ma curiosité, entrer dans la langue finnoise, superbe mais impénétrable, venue d'ailleurs, et réinventée du temps de l'Empire russe par des intellectuels indépendantistes, avec des déclinaisons surpeuplées de cas et des règles d'euphonie labyrinthiques.

7

Environ 14 ans, nous nous constituâmes en un groupe lettré qui se réunissait au parc Monceau comme les Précieuses à l'Hôtel de Rambouillet. Le noyau dur de ce groupe était composé de cinq membres, et de ce fait appelé spirituellement la *Pentade* (pron. « pintade »). Notre quasi-inanition accentuait notre fièvre intellectuelle. Chacun de nous choisit pour patron son poète préféré. Le choix du plus pervers d'entre nous, qui aimait les trois S, le Sale, le Sexe et le Sang, se porta, d'évidence, sur Baudelaire dont l'œuvre fétiche devint pour nous *La Charogne* :

> « Rappelez-vous l'objet que nous vîmes, mon âme,
> Ce beau matin d'été si doux :
> Au détour du sentier une charogne infâme,
> Sur un lit semé de cailloux... »

Mon meilleur ami, idole dont j'allais jusqu'à imiter la façon de parler, un juif athlétique, musicien doué, authentique poète dès l'adolescence, fit le choix improbable de Lamartine alors qu'on ne pouvait trouver garçon moins romantique et plus acidement glacé. Aussi refusait-il de nous réciter les émois sirupeux du bel Alphonse :

« Mon cœur, lassé de tout, même de l'espérance
N'ira plus de ses vœux importuner le sort... »

Ni encore moins :

« Ô Lac ! L'année à peine a fini sa carrière,
Et, près des flots chéris qu'elle devait revoir,
Regarde : je viens seul m'asseoir sur cette pierre
Où tu la vis s'asseoir. »

Nous essayâmes en vain de l'attendrir en modifiant le troisième vers de cette strophe, qui devenait, sous nos quolibets :

« Regarde : je viens seul installer mon derrière... »

Ce fut en vain. Il avait choisi le chevelu de Milly parce qu'il n'avait rien à en dire et qu'il préférait se taire.

Je passai en dernier ; mes préférés étaient pris et j'élus par défaut André Chénier, non certes pour sa période hellénoïde d'un ennui pétrifiant, ni pour son grand œuvre jamais réalisé – « cet *Hermès* immortel qui ne vit jamais le jour » – mais parce qu'il avait été décapité par la Terreur après avoir écrit *Les Iambes* au pied de l'échafaud. Je haïssais déjà la Révolution de toutes mes forces, nominalisme meurtrier qui mettait au nom de la liberté les gens en prison, et les massacrait au nom de la fraternité. J'aimais les Iambes du poète qui était mort d'avoir protesté contre les égorgeurs :

« Ils n'ont assassiné que très peu de nos frères
Et volé que très peu d'argent… »

Je ne percevrais que plus tard l'idolâtrie cafarde dont, inexplicablement, restait entourée cette boucherie.

Outre la récitation de nos auteurs favoris, les réunions de la *Pentade* étaient consacrées à la lecture de nos œuvres. Je n'ai rien conservé des miennes. Il y avait eu d'abord un recueil de poèmes particulièrement ineptes, fabriqués vers treize ans dans le respect servile des formes classiques et l'admiration cataleptique de ce que nous aimions. Les modules variaient : sonnets, bien sûr, mais aussi villanelles, rondeaux, ballades et même un pantoum (du diable si je me rappelle ce qu'est un *pantoum*). J'avais calligraphié et emmailloté tout ça dans un cahier d'écolier et eu la témérité de soumettre la chose au jugement *écrit* et successif du collègue pervers et du collègue juif. L'œuvre était revenue constellée d'appréciations meurtrières : « En quatrième, Baudelaire était mal digéré » ; « Je n'en parle que parce que l'autre l'a fait : c'est rasoir » (c'était avant qu'on dise chiant) ; « Ça a l'air vachement difficile, une villanelle, du moins ça semble » (dire d'un poème qu'il sent l'effort, il n'y a rien de pire). J'étais positivement laminé. Si j'avais cherché dans notre petit cercle une société d'admiration mutuelle, c'était raté, mais la pédagogie est restée. Il faut ne jamais croire à ce qu'on fait, et le faire quand même. Le recueil était entièrement recouvert de papier collant doré, ce qui prouve qu'on en trouvait dans une France vaincue, occupée, exsangue. J'en ai conclu depuis, assez hardiment, que le niveau de vie devait être supérieur à ce qu'il fut jamais en Union soviétique et, aujourd'hui même, je ne révise pas ce jugement. Après ces débuts, j'eus une période grécisante à base de nymphes qui se baignent au clair de lune, toutes nues parmi les faunes ; une phase ado-sentimentale avec serments et clavecin, toujours au clair de lune ; une poussée épique avec cités maudites périssant au milieu du désert ; un prurit astronomique avec description, tout à fait arbitraire, du paysage et de la personnalité de chacune des huit planètes[1] (mais oui, mais oui, on connaissait déjà Pluton) ; des tableautins du Paris sous la guerre, plus noirs que ce que je ressentais (« Dans ma ruelle où tombe un soleil de caveau – ça, c'était une vengeance contre la mocheté de l'appartement – j'entends hurler sur moi les plaintives sirènes »), égayés par des soirées bucoliques en compagnie des susdites nymphes. Prudemment, je gardai tout pour moi. J'entrepris ensuite d'écrire pour le théâtre, avec le test de lectures au Parc devant mes pairs. Je me souviens plus particulièrement de trois de ces pièces. La première, giralducienne, mettait en scène une Pénélope infidèle qui trompait Ulysse absent avec un joli garçon appelé Eryximaque, qu'elle congédiait non sans déchirement juste avant le retour annoncé de son mari. Le pathétique de cette séparation *in extremis*

1. Les neuf sauf la Terre.

brisait le cœur. La deuxième œuvre était un drame ibséno-marécageux intitulé *La Maison sous le Vent du Nord* – barques à fond plat, brouillards dans les roseaux, ciel bas, inceste et meurtres découverts par un mystérieux et perspicace étranger de passage. Enfin il y eut un *Prométhée délivré*, vaguement claudélien, plus tard annoté de ma plume avec des commentaires d'une atroce vacherie. Prométhée enchaîné était malencontreusement délivré par la nymphe dont il était amoureux. Il va de soi que Prométhée, n'existant que par ses chaînes et grâce au vautour qui lui dévore le foie, est réduit à zéro par sa liberté retrouvée. Heureusement, Hercule qui passait là par hasard s'offre à le faire renaître en le tuant. On perçoit l'audacieux paradoxe. Les deux dernières de ces pièces eurent parmi la *Pentade* et ses satellites occasionnels un succès d'estime qui m'encouragea à la folle entreprise d'envoyer au Théâtre de l'Odéon un exemplaire de *Prométhée* laborieusement tapé à la machine. J'en reçus un accusé de réception aussi courtois que négatif, qui tarit pour toujours mes ambitions dramaturgiques.

J'ai adopté et adapté de je ne sais plus qui la formule « quand je me considère, je me dédaigne, mais quand je me compare, je m'estime ». À l'époque de nos treize-seize ans, c'était tout le contraire, car mes meilleurs camarades, le pervers et le juif, étaient deux petits génies dont la précocité m'accablait. Il en résultait des comparaisons à rendre modeste. Le pervers nous donna lecture chez Bernard Frank (le japonisant, pas l'écrivain) de son drame de *Savonarole*. L'œuvre commençait par une scène érotique qui nous enchanta. Le pape Alexandre VI (un Borgia, c'est tout dire) et sa maîtresse faisaient collation parmi les coussins d'un divan voluptueux. Alexandre ouvrait le feu avec ces mots : « Ma chère Vanozza, reprenez de ce melon au poivre. » La dureté des temps étant sans melons, sauf peut-être au marché noir à proximité immédiate de Cavaillon, l'idée d'en manger avec du poivre en compagnie d'une dame était à la fois exquise et dépravée. Alexandre VI était une sorte de Néron en tiare et Savonarole un sociopathe à tonsure. Ils jouaient l'un avec l'autre au chat et à la souris en échangeant périodiquement les rôles, au mépris de la vérité historique, laquelle dépeint Alexandre comme un diplomate avant tout soucieux de ne pas envoyer au bûcher un protégé du roi de France. La sympathie de l'auteur allait plutôt au pape, la figure d'un pontife amateur de femmes étant irrésistible, mais Savonarole, en ennemi de l'ordre établi, n'était pas mal non plus. Comme il fallait s'y attendre, le moine rebelle était brûlé vif en proférant d'épouvantables imprécations contre le Saint-Siège. La réalité oblige à dire qu'on répugnait déjà à tant de sévérité, et qu'on étranglait miséricordieusement les gens avant de les faire rôtir.

Nous fûmes calcinés d'admiration. La hardiesse de l'anecdote et la somptuosité de la langue entraînèrent l'adhésion de tous. Je ne sais si le pervers a conservé son œuvre comme objet d'archéologie témoignant du passe-temps des petits Français *occupés.*

Quant au juif, il était déjà le grand poète qu'il est devenu sans le savoir. C'est pendant une alerte aérienne qu'il nous récita, dans l'ombre de l'abri, une sorte d'ode à la masturbation dont je n'oubliai jamais le vers qui décrivait l'extase d'Onan :

« … les cubes noirs du ciel encalminé. »

« Quel gaspillage », se fussent lamentées
nos petites amies si nous en avions eu à l'époque.

C'est le moment de dire un mot de la *question juive*, comme Sartre écrira plus tard. Nous appartenions, juifs compris, à des familles quasi unanimement antisémites. C'était un instinct, une évidence dépourvue de haine. Comment ce sentiment, qui n'était sauf exceptions rares pas une passion, était-il chez les catholiques compatible avec la charité, point focal de leur religion ? Certes, la référence au passé fournissait un repère (il y a gros à parier que saint Vincent de Paul était antisémite), mais c'était une voie usée par les chariots de l'histoire. En dehors même du *Marchand*, Shakespeare grouille d'antisémitisme. Sans doute croyait-il comme tous ses contemporains à l'éternité d'une responsabilité collective des juifs dans le martyre de Jésus. Ce préjugé banal avait disparu de l'horizon public depuis la belle lurette des Lumières. Pourtant, cent ans plus tard, Hugo le compatisseur en chef, le bonnisseur à envolées de cathédrale (« Les tours de Notre-Dame étaient l'H de son nom »), le métaphysicien de trottoir qui ne croit plus qu'en l'humanité, reste truffé de réflexes antisémites. Le flambeau est aujourd'hui repris par l'aile marchante des progressistes à qui Jésus ne peut plus servir d'alibi. Pourquoi ?

Je m'en repentirais encore si je croyais à la productivité du remords (ce n'est pas, certes, parce qu'on en a qu'on cesse d'être un salaud). Petit garçon, huit ou neuf ans, je marchais au parc Monceau, parmi les cerceaux des enfants de banquiers juifs, en compagnie de ma sœur aînée et de son amie Irène, juive d'origine russe. De la conversation entre ces deux grandes filles, à laquelle je ne comprenais rien, émergèrent soudain quatre mots que je compris… « comme tout le monde ». Alors je dis, comme allant de soi, sans arrière-pensée ni d'ailleurs avant-pensée :

– Irène, tu n'es pas comme tout le monde.

– Ah, pourquoi donc ? demanda-t-elle avec étonnement.

– Parce que tu es *juive*.

Voilà. Elle était juive. Elle ne revint pas d'un camp d'extermination. Son nom était Irène Monosson.

Je ne romanticiserai pas cette anecdote en prétendant que c'est depuis lors que je suis résolument pro-juif. Non. Ce fut beaucoup plus tardif, complètement raisonné, pour motifs que je garde par devers moi. Chut, soyons prudents. Des oreilles ennemies nous écoutent. Nous savons qu'il existe aujourd'hui en France une police de la pensée comme sous Pétain, mais en plus malin, car elle entraîne l'adhésion intime de ceux qu'elle intimide.

Donc comme j'ai dit, en ce temps d'occupation où l'on faisait la chasse aux juifs, mon meilleur ami était juif. J'ai ma petite idée sur la cause probable de son immunité aux persécutions, et de celle de mes autres camarades juifs. Chut, je la garde pour moi (voir ci-dessus). Je passais chez lui le plus clair de mon temps, et il passait le reste chez moi, donc dans une famille antisémite de fondation. Musicien, il jouait de deux instruments aux deux extrêmes du spectre, le piano et le trombone. Il aimait particulièrement les cuivres wagnériens. Il m'avait dédié un concerto *pour tuba et triangle*: il était un compositeur charmant, aux registres divers. Il était poète, et montrait qu'on pouvait l'être tout en ayant le souffle court, car son œuvre était mince. Il savait peindre et dessiner. Athlète distingué, il était champion junior d'haltérophilie. Il se foutait de moi en disant qu'il n'avait pas de mémoire et qu'il enviait la mienne, mais il connaissait le grec comme Paul-Louis Courier, le latin comme Spinoza et l'anglais comme un Irlandais cultivé (il m'initia à Bernard Shaw dont je devins un lecteur enthousiaste sans jamais – hommage suprême – partager une seule de ses idées). Au-dessus de tous ces talents, et à leur service, régnait une intelligence critique aiguë, brillante et drôle. C'est à son exemple que j'essayai, sans jamais l'égaler, de refuser tout argument d'autorité, d'établir un mur entre raison et sentiment, et de me conduire en tout comme si ceux qui ne mentent pas se trompent, et vice-versa.

Arriva le temps de l'étoile jaune. Je n'ai jamais entendu un mot approuvant ce signe d'infamie. Dans mon entourage, certains antisémites profès traversaient la rue pour aller saluer en se découvrant ceux qui la portaient. C'est cinquante ans plus tard qu'une dame de mon âge me confia, lors d'un dîner chic, que les juifs étaient un *peuple destructeur*. En vaillant grognard de la bonne cause, je lui demandai s'il ne lui semblait pas que ce peuple avait plutôt été détruit que destructeur, mais je le fis faiblement tant sa position me paraissait logique à ses propres yeux. Elle n'alla pas jusqu'à trahir ses convictions en se réclamant de l'antisémitisme de l'extrême gauche, ni jusqu'à dire que les juifs avaient bien mérité ce qui leur était arrivé, mais c'était le sous-texte, comme écrivent aujourd'hui les philosophes à la mode. La stupidité de cette dame l'exonère : est-elle pire que les gens intelligents, nombreux, qui judéophobisent aujourd'hui pour justifier le terrorisme islamiste ?

Donc nous en étions à l'étoile jaune. Bien entendu, aucun de mes condisciples juifs ne la portait. J'eus avec mon ami une de nos rarissimes querelles d'adolescents. J'ai oublié le motif qui devait être d'une extrême gravité, comme il sied à cet âge. Je lui demandai tout à trac, dans un accès de rage aveugle, pourquoi il ne portait pas l'étoile. Seule réponse possible, pas de réponse. Chez moi, aucun remords. Nous restâmes les meilleurs amis du monde.

Les antisémites les plus farouches reprochaient à Pétain son ambiguïté à l'égard des juifs. Il n'y eut pas d'étoile jaune en zone nono. Par incompétence ou interstices de compassion, les persécutions laissaient subsister d'heureuses lacunes. C'est ainsi que fut publié à Paris, sous le nez de l'occupant, un manuel scolaire d'histoire ancienne conforme au programme officiel de décembre 1941[2] et très favorable aux Juifs. Ce document extraordinaire secoue bien des idées toutes faites[3].

C'est vers cette époque aux enjeux planétaires que nous, les poétaillons de la *Pentade*, entreprîmes la rédaction

2. Donc plus d'un an après l'entrée en vigueur des mesures antisémites de Vichy.

3. *Orient et Grèce*, par E. Jarry, professeur d'histoire (Éditions École et Collège, 11 rue de Sèvres, Paris).

d'une épopée-bouffe, racontant en vers classiques, à la façon d'Homère, une guerre entre professeurs et élèves du lycée Carnot. Le pervers et moi étions leaders de l'opération et versificateurs en chef. Par conséquent, nos propres personnages jouaient les premiers rôles dans cette geste héroïque. Tout y était, les hauts faits des uns et des autres, la perfidie des professeurs et la droiture stoïque des élèves, la défaite des premiers et la victoire des seconds, les retours vers nos Ithaques respectives, les amours contrariées avec d'improbables Nausicaas :

« Essorant sa serpillière toujours mouillée
J'ai vu cette souillon hâve et dépenaillée
Que Zinzin et Zonzon se disputaient entre eux. »

À la césure près du premier vers, la métrique est absolument régulière. Les noms ont été changés à la demande des intéressés.

Le finale racontait l'ascension des héros vainqueurs, par un escalier au nombre infini de degrés, jusqu'à l'empyrée de la gloire :

« En haut, quatre piliers portant chacun un nom :
Alexandre ! Hannibal ! César ! Napoléon ! »

Nous étions modestes.

La chose s'étendait sur quinze cents vers et six chants, assortie de notules érudites, illustrée par des dessins à l'antique. Nous portions bouclier, casque à crinière, cuirasse en bronze guilloché et cnémides[4] serties de diamants. Nous étions les hoplites de la culture classique.

Ma contribution à la question pédérastique a toujours été modeste et, pour tout dire, empreinte d'une certaine timidité. Une mésaventure survenue à l'époque de la *Pentade* fait exception.

On ne *les* appelait pas encore *homosexuels*, terme amidonné comme une guimpe de vieille fille, encore absent du *Larousse* de poche de 1954. Une querelle d'étymologie aurait pu enflammer l'Académie si elle avait su brûler de ce feu-là. Car c'est un exemple particulièrement offensant de mot métis, né d'un accouplement contre nature entre la racine grecque « homo », terme qui signifie « même », et « sexe », terme robustement latin qui dit bien ce qu'il veut dire sans qu'il soit nécessaire de l'expliquer. Certes,

4. Jambières métalliques.

il y avait d'augustes précédents, parmi lesquels *automobile*, *hydroglisseur*, pour les fans de vitesse sur l'eau, *électrochoc* avec lequel on torturait les fous. J'omets « autocuiseur », alors ininventé dans les cuisines où les restrictions de gaz faisaient régner la *marmite norvégienne*. On bricolait une grande boîte avec des planches arrachées à de vieilles caisses de vin. Comme le bricolage n'était alors pas en honneur dans les classes *supérieures* qui préféraient le tennis, cet ouvrage n'allait pas sans doigts écrasés par un marteau s'abattant à côté du clou. La marmite disposée au milieu de la boîte, on bourrait autour d'elle toutes sortes de rebuts isolants, chaussettes irrémédiablement trouées, pans de manteaux bouffés aux mites, chaussons ayant perdu leur semelle et vieux coussins veufs de leur duvet. Le résultat n'était pas à la hauteur du zèle déployé pour l'obtenir, on mangeait tiède, on mangeait cru. C'était la guerre. C'était aussi la Norvège d'avant les hydrocarbures, occupée comme la France, mourant de faim avec la protéine des seuls harengs, et ravagée par le scorbut dont les filles garderaient cruellement les stigmates.

Quant aux homos, espèce inconnue, nous autres enfants d'entre-deux-guerres, nous disions « pédés, pédales, invertis, tantouzes, grandes folles… », à quoi les cuistres ajoutaient « bougres, bardaches, mignons, gitons » et bien d'autres encore. Les sarcasmes visant les intéressés n'étaient en rien inspirés par l'ordre moral vichyssois. J'apporte à cette affirmation deux arguments. Primo, la S.S. tant admirée des collabos était peuplée de beaux garçons aux penchants anacréontiques, sans oublier la cour d'éphèbes plus ou moins stipendiés qui entourait le Reichsmarshall Göring. Deuzio, on ne compte pas le nombre d'adeptes de la même préférence qui se tortillaient dans les couloirs de Vichy, dont l'illustre Abel Bonnard, à qui Pétain confia l'éducation des jeunes Français, garantissant son accès à ses plaisirs favoris.

Mais il était permis de se moquer, et ni le public, ni le monde du spectacle ne s'en privaient. Notre adolescence était baignée d'une vaste rigolade aux dépens du relativisme copulatoire. Peut-être ceci préfigurait-il cette *morale de l'ambiguïté* qui rendit fugacement célèbre un philosophe dont le nom m'échappe. Certes, de grands maîtres avaient, si j'ose dire, ouvert la voie, Verlaine, Rimbaud, Gide, Aragon, Montherlant, Jouhandeau, mais ils s'en cachaient, déguisaient dans leurs chefs-d'œuvre les garçons en filles, et se gardaient de s'ériger en modèles : aussi les admirait-on sans les imiter. Qui n'a été amoureux de Solange Dandillot sans se douter que la magie de la littérature l'avait transsexualisée ? Il y avait pourtant un discret repère, puisque au concert où l'emmène Costa, et où elle avoue que la musique « ne la gêne pas », elle se révèle, sous la main, « bardée de caoutchouc comme un jeune Ménélas[5] ».

Omerta complète, de même, dans les études grecques et latines. On ne nous explique pas l'amour de patriarches barbus pour les jeunes gens, ni pour l'ombre de qui Socrate, en public, « faisait sa masturbation ». Nous trouvions un charme innocent, dans le registre de la seule esthétique, à ces bergers, à ces Tityres qui se patulent sous les hêtres en soufflant dans leur flûte de Pan[6].

Toujours est-il qu'un beau jour, au décours de je ne sais quelle maladie hivernale (j'allais de grippe en bronchite sans casser ma plume), j'écrivis à la blague un rondel – oui, je crois bien que c'était un rondel, petit poème à la forme contrainte et comme réglementée – qui brocardait la ronde enchantée des homos, et commençait ainsi :

---

5. Montherlant, *Les Jeunes Filles.*

6. *« Tityre, tu patule recumbens sub tegmine fagi, / Silvestrem tenui musam meditaris avena »* (Virgile).

«Ah! si j'étais votre tapette!
Car j'ai su que vous en étiez...»

La chose avait très mal tourné. J'avais envoyé par la poste mon rondel à mes collègues de la *Pentade*, sans autre ambition que d'alimenter leurs sourires. La lettre avait été ouverte par la mère de l'un d'eux. Le scandale ébranla la plaine Monceau. La mère, avec la fureur d'une moucharde de plein air, s'empressa de téléphoner à la mienne. J'eus le plus grand mal à convaincre mes malheureux parents qu'il s'agissait d'une plaisanterie (douteuse, dans ces cas-là l'adjectif s'impose) aussi innocente que la culotte d'une vierge. Il faut imaginer la terreur dévastatrice qui, dans l'ambiance familiale et avec les critères de l'époque, les transperça avant qu'ils aient compris et avalé la vérité.

8

Les conditions de vie à Paris pendant l'Occupation étaient austères, mais il n'y a pas de quoi en faire un roman. Primo, nous n'avions rien à manger. Sans connaître les chiffres, qui ne sont disponibles nulle part, on peut avec assurance parier que le nombre de calories par tête et par jour était pourtant supérieur à ce dont disposaient à la même époque les civils allemands et soviétiques. Encore était-ce sans compter avec la campagne, où vivait alors la moitié de la population française, et où régnaient, sauf dans les régions inaptes à l'agriculture, la bombance et le marché noir. Il est réconfortant de considérer l'inefficacité des réquisitions pour répartir la disette ; les Français n'ont le goût de l'égalité que sur le plan intellectuel : à table, c'est tout autre chose. Les paysans engraissaient et s'enrichissaient à vue d'œil pendant que les citadins mangeaient du pain sans ticket qui sentait le plâtre et la crotte de rat.

Nous avions faim vingt-quatre heures par jour, sans en souffrir vraiment. Les biscuits vitaminés distribués en classe à dix heures du matin étaient, certes, attendus avec impatience (on commençait à regarder la pendule une heure avant la distribution) ; ils avaient succédé à d'infâmes chocolats à l'huile de foie de morue, invention de diététiciens atteints de démence, qu'on avait renoncé à nous offrir car nous pétrissions ces chocolats d'infamie pour en faire des projectiles que nous échangions à la récré. La faim nous réveillait la nuit. D'épouvantables préparations singeaient ce qui manquait. Il y avait les gâteaux de carottes, dont le goût sucrailleux excitait la nostalgie des pâtisseries d'avant-guerre ; des tartes aux topinambours à la saccharine, imitation nauséeuse des tatins légitimes ; du chevreau pourri reçu *via* quelque filière provinciale après une semaine de voyage par un chemin de fer sans charbon ; la palme revenait au rutabaga, seul légume occasionnellement disponible dont les autorités affirmèrent que les Allemands raffolaient, encore qu'on pût se demander pourquoi, s'ils l'aimaient tant, ils nous en laissaient une telle quantité. Le pain, grisâtre et mal bluté, faisait l'objet d'un rationnement sévère où les jeunes gens (les J3) et les prétendus *travailleurs de force* se taillaient la part du lion. Deux gâteries ignobles avaient toutes nos faveurs, le *maltofruit*, sorte de miel synthétique fabriqué avec de la mélasse dopée à l'arôme artificiel, et la *springaline* à goût de vomi qui agrémentait de ses vitamines les rares tartines de margarine rance. J'allais oublier le *racahout des Arabes*, fabriqué avec des coques de graines de cacao concassées, qui tenait lieu de Banania. Pourquoi « des Arabes » ? Pourquoi, par quels canaux mystérieux, nos colonies, en voie de sécession pour rejoindre les Alliés, nous envoyaient-elles ce misérable ersatz ? C'était à faire douter de Bugeaud, de Lyautey et du père de Foucauld.

Pourtant la santé des Français, privés d'alcool, de corps gras et de tabac, n'avait jamais été meilleure ; les hôpitaux psychiatriques et les services de cardiologie étaient déserts, le diabète avait disparu. Les peaux des anciens obèses pendaient comme de vieux vêtements. En revanche, la tuberculose, qu'on ne savait pas soigner, faisait des ravages parmi les jeunes gens appelés, dans les chantiers qui remplaçaient le service militaire interdit par la convention d'armistice, à exécuter sans hygiène ni nourriture d'épuisants bûcheronnages.

Les principales victimes étaient les mères de famille. Conformément à la tradition, elles ne laissaient à personne le soin du « ravito » qui devenait leur obsession. Lorsque était annoncée l'arrivée de denrées échappant au rationnement, elles se postaient dès quatre heures du matin devant les boutiques de bouchers arrogants ou d'épiciers dédaigneux (qui leur eussent léché les pieds au temps de l'abondance), pour faire la queue en vue d'obtenir un cœur de cheval, la moitié d'un poumon de veau ou un kilo de sucre à cinquante pour cent de poussière.

Secundo, il n'y avait pas de chauffage. Le charbon français allait en priorité à l'industrie allemande et en maigres quantités aux centrales électriques et aux chemins de fer français. Il ne restait rien pour les particuliers. Après une brève lune de miel où le gaz arrivait normalement, il avait été rationné, et les coupures du service par les agents publics étaient inexorables en cas de dépassement. Progressivement la distribution avait été limitée à quelques heures par jour. Alors apparurent les poêles à sciure de bois. C'étaient des engins étranges, constitués d'un cylindre de tôle qu'on bourrait de sciure en y ménageant, avec un manche à balai, une cheminée de ventilation. La sciure brûlait ainsi en commençant par le centre ; en fin de combustion la tôle était portée au rouge. La sciure, toutefois, n'était pas disponible en quantité suffisante pour alimenter plus d'un poêle par foyer. C'est ainsi que je vécus plus de six ans dans une chambre non chauffée, sans éprouver d'autre désagrément que de travailler en manteau et avec des gants. C'est dans cet accoutrement que pendant les froids, qui furent terribles, je faisais mes devoirs, apprenais mes leçons, et cultivais ma jachère personnelle dans les longs loisirs laissés par le lycée qui ne fonctionnait que le matin. Je rêvais en hiver d'étés tièdes et d'étangs sous la lune. Quand la chose devenait intolérable, il m'arrivait de verser de l'alcool à brûler dans une bassine et d'y mettre le feu. Le soulagement était immédiat, aussi intense que temporaire. Je devenais la petite marchande d'allumettes d'Andersen. La pudeur m'interdit de parler de la toilette sans eau chaude. On n'en était plus à se soucier d'une telle frivolité. D'ailleurs, il n'y avait pas de savon. Pensons plutôt aux Allemands et aux Russes. On les passait par les armes s'ils râlaient.

Troisièmement, comme il fallait beaucoup de laine pour habiller les soldats allemands, nous étions vêtus avec du bois. J'ai le souvenir d'un élégant petit costume trois pièces, veste-gilet-culotte courte, qui sentait le celluloïd et piquait comme une pelote d'échardes. Mon snobisme fut mis à rude épreuve par la question des chaussures. Celles-ci, bien sûr, avaient des semelles de bois. Jusqu'ici, rien à dire si tout le monde avait été chaussé à la même enseigne. Mais les godasses appartenaient à deux catégories, entre lesquelles régnait une frontière infranchissable et cruelle. Il y avait les à semelles rigides, sculptées d'une seule pièce comme des sabots, appartenant de ce fait à l'ignoble catégorie des galoches. J'étais de ce côté-là. Et il y avait les à semelles articulées, formées de lamelles de bois assemblées par des bandes de cuir qui permettaient aux lamelles d'épouser tant bien que mal les mouvements du pied. C'était le bon côté de la frontière, et j'étais du mauvais. Je n'avais qu'à ravaler les lazzis de mes camarades, d'autant plus acérés que l'architecture des chaussures rigides nécessitait qu'elles fussent montantes, comble d'horreur pour un garçon adolescent.

9

Les vacances apportaient de lumineux interludes. On s'y prenait des mois à l'avance pour obtenir à l'issue d'interminables queues des *fiches d'admission* dans les trains. Les locomotives ahanaient poussivement en crachant leurs escarbilles. Nous voyagions dans les couloirs, assis sur nos valises, jusqu'à nos deux paradis, le château de Rigardon en Mayenne, chez des cousins, et la maison familiale du Limousin. Les gares étaient tartinées d'affiches où l'on pouvait voir un soldat allemand très joli garçon tenant dans ses bras un enfant sur fond d'incendie : « Populations abandonnées, faites confiance au soldat allemand. »

À la gare de Saint-Denis de Gastine, près Laval, on grimpait dans la calèche du château, menée (on serait mort plutôt que de dire « conduite », horriblement parigot) par un majordome constellé de boutons dorés. L'élégance de l'accueil étouffait toute nostalgie des autos d'avant-guerre.

La voiture était d'un beau noir brillant. On y accédait par un marchepied arrière dont la hauteur surprenante répondait à celle de la calèche, qui nous berçait comme une escarpolette au long de la petite route du château (entre soi, on disait « maison » par modestie). La « maison » n'était pas très ancienne, mais ses deux tours flanquant le corps de bâtiment central me terrassaient d'admiration. Ce devait être un pastiche réussi de manoir début XVIe, où l'architecture hésitait entre la costauderie bien campée du Moyen Âge et la grâce de la Renaissance à son aurore.

En Mayenne, la prospérité agricole permettait de s'empiffrer jusqu'à la glotte, compensation éphémère au régime monacal de Paris. On s'en fourrait jusque-là sous l'œil attendri du maître d'hôtel qui supervisait ces galimafrées, sanglé comme une guêpe dans son gilet rayé jaune et noir. J'ai les larmes aux yeux en évoquant les platées de *mogettes*, ces fayots blonds mitonnés au beurre, moitié vrais haricots moitié vrai beurre, un rêve d'affamés. L'oncle Jean m'emmenait dans son tilbury faire la tournée des fermiers qui l'appelaient « not' maître » en se découvrant pour l'accueillir avant de lui payer son dû. Tout ruisselait de grasse richesse champêtre. On bourrait affectueusement les cousins de Paris pour leur permettre de *faire la soudure* avec la saison suivante. Mon père montait le cheval d'attelage rescapé des réquisitions, et moi la vieille jument blanche d'un copain d'à côté, qui suivait à bicyclette quand je chevauchais la jument, et vice-versa. Nous faisions de longues promenades dans les chemins creux, parmi l'odeur d'herbe humide et le chant des fauvettes. Je commis ainsi la deuxième grosse gaffe de ma vie, qui devait être suivie de bien d'autres, car comme tous les enfants je manquais de tact, et la vérité sortait de moi comme le feu qui jaillissait des poumons mités des poitrinaires dans les réclames de la *ouate thermogène*. J'arrivai un jour chez mon camarade pour m'entendre dire que la jument était indisponible, sur quoi je répondis à toute volée qu'« alors, ça ne valait pas la peine de venir ». Soixante-quatorze ans plus tard, j'en ai encore chaud partout. Mais nous passions nos vacances dans le jardin d'Éden, oublieux de la guerre, ignorant tout des camps de la mort, n'imaginant pas l'ampleur du carnage.

Des jours heureux y glissaient, entre chevaux, bains de rivière ou d'étang, tournois de croquet où je faisais rarement partie de l'équipe gagnante, tennis où je jouais les petits ramasseurs de balles avant d'accéder à la dignité de jeune cogneur. Les raquettes pesaient deux fois plus lourd qu'aujourd'hui. Celles des dames, qui servaient par en-dessous (« à la cuiller ») et n'administraient jamais de *smashes* (sans doute pour éviter de laisser deviner leur poitrine), étaient d'un oblong bizarre dont on se moquait. Les messieurs modernes brandissaient des engins ellipsoïdes, d'allure élancée, en *smashant* à 80 km/h pour épater les filles que ça n'épatait guère. Il n'y avait d'ailleurs pas de quoi, car de nos jours on fait couramment beaucoup mieux. Après les matchs, opération magique, ils *babolisaient* les boyaux de vache des raquettes (il fallait trois vaches pour une raquette). J'imaginais qu'un M. Babol (n'était-ce pas un nom slave amputé de son « ovitch »[1] ?) avait inventé la cire qui fit sa fortune, et grâce à quoi on pouvait retendre d'un coup de pinceau les malheureuses vaches ainsi changées en corde.

Bien que ma pudeur y répugne, l'évocation de Rigardon ne serait pas complète sans celle d'un de mes premiers émois. Je devais avoir l'âge où le tsunami de la puberté, dans ces générations lointaines, commençait à gronder derrière l'horizon. Un de mes grands cousins eut un soir l'idée épatante de me couper la route de ma chambre à coucher en la fermant à clé. Sans égard

1. En réalité, Pierre Babolat.

au tumulte naissant de mes gonades, j'arrivai, par logique pure et en quelque sorte désintéressée, à la résolution qui s'imposait : j'irais frapper à la porte d'une jeune fille de mon âge qui, depuis quelques jours, illuminait la *maison* de sa grâce de fée. J'ai regret de le dire, son prénom était tout simplement Françoise. J'aurais préféré Emmeline ou, beaucoup plus tard, Océane ou Australe, mais quelle âme est sans défaut ? Elle ouvrit aussitôt, je lui dis ma mésaventure, elle m'accueillit sans barguigner. Je lui montrai son lit, elle y consentit. Rien n'avait préparé ce geste extraordinaire. Pas de baisers de lait sous les lauriers-sauces. Pas de main chaude ni de regard en coin. Bien sûr, elle était vierge comme une feuille de vigne, et le resta, enfer !, non par ses refus mais par ma maudite circonspection. Ce sont des choses qu'on ne se pardonne jamais. Nous nous sommes endormis dans les bras l'un de l'autre, salés de larmes, humides de salives, inondés de sueur. Au matin, elle refusa l'entrée du petit déjeuner, qu'on apportait dans les chambres, en prétextant je ne sais quel malaise. Et les traces dans les draps ? J'ai fait son lit.

10

Car l'amour déferlait plus tôt qu'il n'était permis et plus tard qu'on n'aurait voulu. C'est ici qu'il faut faire surgir d'autres souvenirs de commencements inaboutis en se donnant le plaisir de décevoir l'amateur de porno. Fouillant dans mes mnémoneurones – appelons ainsi l'appareil de stockage de la mémoire –, je *flashe* sur une amie de ma jeune sœur, plus âgée qu'elle. C'était pendant une bataille de polochons, passe-temps classique des fins d'après-midi d'hiver, après les jeux de cache-cache dans le noir. Un polochon éclata, les coutures d'une de ses extrémités ayant explosé sur un coup particulièrement vigoureux. La quantité de plumes contenue dans les polochons d'avant-guerre défie l'entendement. Ma sœur sortit pour inventorier les dégâts, et revint en criant, affolée, qu'elle avait trouvé une plume dans le salon. L'enfance, c'est connu, manque du sens des proportions et ne sait pas hiérarchiser les priorités. C'est dans cette confusion de rires et de cris d'horreur – l'immense corvée du nettoyage-époussetage, s'il vous plaît – que la beauté de la jeune Odette me transperça, les cheveux semés de duvet, les yeux d'acier bleu, et une odeur de feu que je n'ai pas oubliée. Elle ne fit pas mentir ce qu'elle était alors : elle devint mannequin. Ma passion dura trois jours.

En aval de ce futur mannequin, je retrouve la sœur très aînée d'un copain de vacances. On s'asseyait dans des transats sous les arbres penchés vers l'eau. Le prépériado que j'étais guettait les éclairs d'entrejambes aperçus grâce aux jupes raccourcies par la pénurie de textile. J'entrais dans le désert de l'amour, cruellement assoiffé par la proximité de l'oasis. Or nous allions jouer, pour un de ces spectacles d'amateurs familiaux d'avant la télévision, une comédie de Franc-Nohain, *Le Chapeau Chinois*, d'une débilité profonde, écrite en vers dissymétriques, La Fontaine sans le génie. Elle était la dulcinée, et, Dieu me damne, je jouais le jeune premier. Cet animal de Franc-Nohain avait fourré là-dedans une scène où je l'embrassais, *elle*, l'objet dévorant de ma passion. Devant les parents attendris qui n'y voyaient pas malice, ma bouche glissa et je plantai dans la sienne un poutou brûlant qu'elle ne répudia pas autant qu'elle aurait dû. La septième porte de l'enfer se referma sur moi dans un grand bruit de frustration.

La suite, bien sûr, fut qu'il n'y eut pas de suite. Ou plutôt, pire que pire, une ébauche de suite sans suite. La jeune fille eut l'idée de monter *Les Vacances d'Apollon*, succès célèbre d'avant-guerre, où j'aurais joué le rôle-titre et elle la vedette féminine dont s'éprend le dieu du soleil en vacances de divinité. On ne répète pas un enfer réussi, la chose ne se fit pas, mais je n'en dormis pas de quinze jours malgré le murmure de la cascade propice au sommeil des enfants pas sages.

Mon enfer était moins pavé de bonnes intentions que d'occasions mort-nées. C'est ainsi qu'il y eut aussi l'été enchanté par une ravissante cousine dont je découvrais qu'elle sentait la femme et la fleur. Il y avait la robe légère sous laquelle tout se devine, le ruisseau glacé dont l'eau plaque l'étoffe sur le corps à la façon des statues antiques, les extrémités qui, à toute extrémité, se touchent après s'être frôlées avant de se séparer tristement, les prés dont les piquants empêchent de s'aimer, le lit défendu où l'on tremble d'être surpris et qu'on quitte sans avoir rien reçu que des avant-propos. Ni Graal pour le garçon ni terreur pour la fille : nous « étions nés trop tôt dans un siècle trop jeune». Mais quel prix avait alors ce qui aujourd'hui s'échange comme des berlingots!

Pourtant, le sordide pointait son nez gaillard, la cuisse tâtonnante de la petite voisine au cinéma du village, la jolie bonne qui s'assied sur vous en gigotant comme une jeune truie lors des pêches à la luminade[1], tout en feignant de ne s'intéresser qu'aux truites qui frétillent au bout de la fouenne.

1. Pêche de nuit en barque, éclairée par un brasero qui attire le poisson.

11

L'autre paradis était la belle maison limousine, son vieux moulin, son étang à nénuphars, sa cascade fourmillante de poissons, dont le bruit nous berçait pour dormir. Je me voyais en fils parcourant à cheval avec autorité le domaine de son père. Hélas, il n'y avait plus de domaine, tout ayant été acheté à vil prix par l'intendant infidèle aux dépens d'une grand-mère veuve et incompétente. Mais on *faisait avec* la maison et ses charmants alentours. Et là aussi, on bouffait à s'en péter la barrière des dents, mais le Limousin n'est pas la Mayenne et c'était nettement plus rustique. Du cochon, certes, mais surtout de la patate, régal inouï, farcie cochon suivant la recette locale, du chou farci *idem*, des gratons, c'est-à-dire ce qui reste après la fabrication des rillettes quand on a retiré les rillettes, et du pain de blé noir dur comme le granit local mais délicieux sous sa couche de gratons.

Nous faisions dans la cascade des pêches miraculeuses de poissons immangeables, tout juste bons pour les chats (grâce au ciel, nous n'avions pas de chats et, si nous en avions eu, nous les aurions mangés en feignant de les prendre pour des lapins). Ces poissons étaient à quatre-vingt-dix pour cent des ablettes, qu'on appelle là-bas gardèches pour faire croire à une parenté avec les gardons, nettement plus comestibles. Nous pêchions donc par pure et simple cruauté enfantine : plus tard, je deviendrais un veneur *viandard*, de ceux qui aiment le poignant spectacle de l'hallali. La cadence était prodigieuse : il ne devait pas s'écouler beaucoup plus de dix secondes entre les prises, ver enfilé sur l'hameçon d'un geste rapide, lancer de la ligne dans la cascade qui bouillonnait cinq ou six mètres plus bas, disparition du flotteur dans le bouillonnement, remontée de la ligne au bout de laquelle frétillait un éclair d'argent. J'eus un jour une idée galiléenne, une de ces idées qui permettent de vérifier par l'expérience la validité des lois physiques. Le processus dont, bien avant d'avoir lu Karl Popper[1], je voulais vérifier la régularité, était celui

1. Philosophe autrichien des sciences – on dit aujourd'hui épistémologue, plus chic – (1902-1994). D'après lui, une hypothèse n'est scientifique que si une seule expérience contraire suffit à la réfuter.

de la décomposition des tissus organiques avec émission de gaz. Nous avions pris ce jour-là une quantité phénoménale de gardèches, peut-être une centaine. C'était une provende toute galiléenne. Nous insérâmes les poissons dans deux bouteilles que je bouchai hermétiquement; puis j'enterrai les deux bouteilles au pied d'un des grands arbres qui ombrageaient l'étang. Un an plus tard, aux vacances suivantes, nous déterrâmes les bouteilles que nous allâmes briser – en les jetant d'aussi loin que possible – sur un tas de cailloux laissé par les cantonniers au bord du *chemin vicinal ordinaire* qui serpentait non loin de là. Le résultat fut tel que l'aurait apprécié Karl Popper. Deux explosions retentirent, témoignant de la pression intérieure engendrée par un an de pourriture, et suivies d'un sifflement qui accompagnait l'expansion des gaz libérés par l'éclatement des bouteilles. Un nuage se forma au-dessus du tas de cailloux. Une odeur d'un méphitisme indicible se répandit dans la nature, à qui, répondant au vœu de Baudelaire, nous rendions ainsi tous les atomes de carbone, d'hydrogène, d'oxygène et d'azote qu'elle avait joints ensemble avant que la décomposition des poissons ne les dissociât[2].

2. Baudelaire, malgré son génie, n'était pas chimiste; aussi écrit-il que la pourriture « rend au centuple » à la Nature les éléments qu'elle avait réunis.

L'étang, alimenté par le frais ruisseau qui cascadait à la sortie, était trop froid pour s'y baigner agréablement, et les nénuphars gênaient. Les plus petits s'effrayaient aussi de ce qu'on appelait les « araignées d'eau », étranges bestioles qui se déplacent par bonds à la surface, soutenues par la tension superficielle. Plus attentifs ou plus savants, ils auraient remarqué que ces animaux absolument inoffensifs n'ont que six pattes, et que ce sont donc des insectes alors que les araignées en ont huit et appartiennent de ce fait à la classe des arachnidés. Enfin, les rares baigneurs que l'eau froide de l'étang ne décourageait pas n'aimaient guère se faire grignoter les pieds par les tanches affamées et les gardons voraces qui pullulaient.

Mais les étangs étaient dès cette époque déjà nombreux en Limousin. Nous n'avions que l'embarras du choix. Encore fallait-il s'y rendre. La guerre ayant fait radicalement disparaître les automobiles, et les chevaux étant réservés à l'agriculture ou réquisitionnés par l'armée allemande, c'était là le principal usage de nos bicyclettes. Ces engins étaient achetés avec des tickets d'acier

---

Enfants modernes, nous savions qu'on ne pouvait lui « rendre » que ce qu'elle avait « joint » (BAUDELAIRE, « Une charogne », in *Les Fleurs du Mal*, 1861).

obligeamment fournis par un oncle qui s'employait par ailleurs à modérer et ralentir (nous le sûmes plus tard) la production des usines sidérurgiques qu'il dirigeait et qui travaillaient pour l'armement allemand. Je n'en étais plus à l'Aquilon de mon enfance antérieure, devenue trop petite. Je crois me souvenir que nos engins d'alors étaient fabriqués à la *Manufacture d'armes et cycles de Saint-Étienne*, la future *Manufrance*, qui serait réduite, après des années de lutte sociale où les lutteurs rêvaient d'usines protégées de la concurrence, à un catalogue d'articles fabriqués à l'étranger. Idée d'avenir que celle de se faire payer pour importer le travail des autres !

Nos vélos de guerre étaient un curieux mélange de modernité et de propension à l'incident technique. Il y avait tout le nécessaire, mais ce nécessaire était insuffisant. Le phare alimenté par une dynamo à molette frottant sur le pneu était un modèle d'infidélité. Là où on l'aurait voulu, par les soirs d'été, un beau cône lumineux donnant une note d'intimité à l'asphalte noir et désert, des projections sporadiques de taches laiteuses révélaient de manière fantaisiste les trous lépreux du revêtement. Le porte-bagages, que l'usage du temps destinait davantage à un passager qu'à une valise, s'effondrait sous la charge.

Les freins à câble et à patins perdaient répétitivement leurs patins et brisaient leurs câbles, laissant au cycliste le choix de se jeter par terre en abandonnant la machine à son destin, ou d'abraser ses semelles de bois en les utilisant comme frotteurs pour ralentir la course. Dans l'un et l'autre cas, l'accident guettait. Les crevaisons étaient fréquentes à cause de la mauvaise qualité du caoutchouc, qu'une épine de mûrier ou l'angle émoussé d'un éclat de silex suffisaient à perforer. Le dérailleur, pourtant limité à trois vitesses, et sans dents supplémentaires sur le pédalier, déraillait spontanément sans qu'on le lui demandât et refusait de dérailler lorsqu'on lui en donnait l'ordre par le petit levier de commande disposé sur le cadre. Il en résultait qu'on pédalait à deux cents tours/minute dans les descentes et qu'on montait les côtes à deux kilomètres/heure à cause d'un développement[3] démesuré.

Je me vengeais en soumettant mon vélo d'occupation à des expériences violentes, plus dangereuses pour moi que pour lui. Je me ruais à grande vitesse contre le portail de la grange. J'étais léger comme une plume et maigre comme un crayon, d'où la modicité de ma moitié de Mv2, malgré quoi il en résultait parfois une visite chez le médecin

3. On dit aujourd'hui « braquet ».

suivie d'une autre chez le mécanicien. L'infériorité des pièces mécaniques sur les morceaux de petit homme est qu'elles ne se réparent jamais toutes seules. Je pratiquais aussi les chutes volontaires, « pour voir ». L'asphalte était dur malgré l'absence d'entretien qui multipliait les trous de terre battue. Le vélo poursuivait sa course qu'il achevait mollement dans un fossé herbu. Les vaches me regardaient sans émotion perceptible. De temps en temps, un cultivateur compatissant se précipitait, abandonnant en plein champ sa vache attelée à une charrue primitive qui ne devait pas labourer bien bas. Oui, on attelait les vaches retraitées trop maigres pour la boucherie, et le bon vieux temps n'était pas loin où les femmes, les sœurs et les filles s'y collaient à l'occasion. L'homme se réservait la noble tâche d'appuyer sur les mancherons. Ma curiosité d'expérimentateur me conduisit à explorer ce que j'appelais « le zigzag limite ». Il s'agissait d'aller aussi vite que possible en zigzagant le plus serré qu'on osait ; le crétinisme de ce jeu me comblait de joie, et ma vanité se dilatait de n'y avoir laissé ni dents, ni nez, ni genou.

Tels quels, ces engins étaient notre seul moyen de locomotion dans les sinuosités pentues des routes limousines. Nous ahanions vers les métairies nichées sous la verdure, où nous trouverions les denrées les plus rares, le lait, les œufs, parfois même un peu de beurre malgré les mœurs locales qui préféraient le saindoux. Descendants des anciens maîtres, nous étions accueillis sans arrogance par ces paysans dispensateurs de trésors. On nous gavait de *galetous*, crêpes de sarrasin au goût rêche, pour lesquelles on se serait entretué à Paris. Les plus turbulents d'entre nous se les jetaient à la tête comme dans les batailles de tartes à la crème des films comiques d'avant-guerre. On nous invitait aux battages, où, dans la poussière du blé, se déployaient des goinfrées lubrifiées par des cascades de cidre. Mystère des réquisitions et de la pénurie, dans les *grand-villes* c'était la famine.

Nous prenions dans les étangs des bains de bonheur. Nous y arrivions en sueur, chevauchant nos bicyclettes infidèles, par des routes laissées à l'abandon depuis la défaite, qui se tortillaient pour franchir les côtes de ce paysage granitique. Je chérissais, tout en détestant les souffrances vélocipédiques qu'il infligeait, la splendeur du relief hercynien. Les étangs étaient nichés dans les fonds, cernés d'une auréole de roseaux. L'eau était tiède et on ne peut moins lustrale. Nous marchions d'abord, en y enfonçant jusqu'au-dessus des chevilles, dans le limon des bordures, chatouillés par les bulles de gaz des marais et le frémissement de minuscules poissons. Passés les roseaux, c'étaient l'ébrouement dans l'eau un peu jaune, et pour moi, lorsque je fus d'âge, les rêves de naïades nues vaguement inspirés par une Grèce imaginaire. J'ignorais alors qu'il n'y a pas d'étangs dans les pays méditerranéens, sauf dans les deltas sablonneux de quelques fleuves, et sauf – alors improprement nommées étangs – les lagunes d'eau saumâtre formées par les cordons littoraux où s'échouent les navires.

Il y avait, quotidienne par beau temps, la promenade nocturne au « site romantique ». Les clairs de lune y étaient particulièrement appréciés. *L'astre des nuits* baignait d'argent une vieille chapelle, jaillie de nulle part, d'autant plus émouvante que depuis des siècles le pays était déchristianisé jusqu'à l'os. Sur cette demi-ruine, au bord d'un étang au calme de mercure, un immense saule pleureur sanglotait de toutes ses feuilles, et les plus sensibles d'entre nous n'étaient pas loin d'en faire autant. Quand fut venue pour moi la passion de la mythologie grecque, cette dévotion rustique s'encolifichait d'antiquité à laquelle mes lectures prêtaient une sorte de blancheur crue. Cette confusion m'enchantait. J'y communiais avec mon père, qui pourtant n'y cherchait que des souvenirs d'enfance et de jeunesse, peut-être agrémentés de quelques ruades paysannes derrière les talus. Tout jeune enfant, la domesticité patoisante dont il partageait le langage l'appelait affectueusement « pesou », c'est-à-dire « petit pois », surnom qui lui était resté jusqu'à ce qu'il devînt le jeune homme blond, mince comme un clou, qui annonçait l'élégance du futur cavalier. Bien que ses larmes lors de la défaite l'eussent à mes yeux jeté à bas de son piédestal, je ne lui ai jamais connu plus de charme qu'en ces jours de paradis sur un fond d'enfer qui n'avait pas altéré son humour. Je l'entends encore résumant le séjour un peu long d'une cousine de ma mère, follement distinguée, tertiaire de Saint-François aussi plate que pieuse, comme « un calvaire sans le moindre Golgotha ».

C'est en cheminant un soir vers le « site romantique » que j'eus le plaisir de *coller* mon oncle H., polytechnicien et homme d'esprit, sur une question simplette naïvement posée. Il avait plu : la lune se reflétait dans l'eau des flaques. Pourquoi ce reflet accompagnait-il notre marche ? Nous avancions, nous aurions dû le dépasser, le laisser derrière nous, n'est-ce pas, oncle H. ? Malgré toute la mathématique de sa célèbre école, l'oncle H. était resté sec[4].

C'est à l'occasion d'un de ces pèlerinages nocturnes que le même oncle H. et mon père firent gravement assaut d'hypothèses époustouflantes sur la cause de l'orientation parallèle des vaches dans les prés d'alentour. Mon père proposait un lâcher de vaches par parachute pour éliminer, disait-il, tous les facteurs adventices qui pouvaient perturber une étude véritablement scientifique.

L'été 1943 se passa paisiblement dans la belle maison, malgré la triple guerre qui se livrait non loin. Deux guérillas françaises, d'inspiration politique opposée, harcelaient les troupes allemandes d'occupation dans un paysage complice de châtaigneraies obscures, de vallons encaissés et de collines sauvages. L'un de ces groupes était formé par des transfuges de l'armée vichyste et des Chantiers de Jeunesse qui lui avaient succédé, l'autre par des réfractaires au Service du travail obligatoire en

---

4. Cette sécheresse surprend. La distance de la Lune à la Terre, de l'ordre de 400 millions de mètres, est pratiquement infinie par rapport au pas d'un marcheur. Celui-ci reste « immobile » tout en marchant : vu de la lune, chacun de ses pas mesure un dix millionième de degré.

Allemagne. Ces deux groupes se portaient une hostilité sans merci. Les malveillants, nombreux parmi les propriétaires des alentours, prétendaient qu'ils n'attaquaient les Allemands que pendant les entractes de leurs affrontements réciproques.

Dans ce contexte survint un jeune réfractaire, armé, que la gardienne nous présenta comme son frère. Malgré les risques, et sans lui poser la moindre question, mon père offrit aussitôt de le cacher. Mes quinze ans, curieux de sexe, ne tardèrent pas à s'interroger sur ce frère qui, peut-être, était autre chose que frère, car la dame était jeune et avenante. On nous dit de tenir notre langue : le secret était un jeu.

J'ai pourtant été ce qu'on a appelé plus tard « un grand résistant ». Mon héroïsme, tout verbal comme l'est souvent celui des Français, eut lieu pendant environ 25 secondes au cours de ce même été.

L'amiral Abrial, cousin de mon père et brièvement ministre de la Marine de Pétain, avait eu son heure de notoriété lors du rembarquement des troupes alliées encerclées par les Allemands à Dunkerque en juin 40.

En tant qu'apparentés, l'Amiral nous avait invités, au sein de la nombreuse fratrie locale, à écouter une conférence publique qu'il allait prononcer à Limoges, ville voisine de notre maison de vacances. Il fit huer l'amiral gaulliste Muselier, bien isolé dans son choix politique à cause de Trafalgar, et accusa les Britanniques de s'être embarqués dans leurs navires en abandonnant sur place beaucoup de nos soldats sous le feu de l'ennemi, sans autre choix que la reddition ou la mort.

À la sortie, le petit Parisien que j'étais claironna, assez fort pour être entendu à la ronde, que « l'amiral (Abrial) avait dit beaucoup de bêtises ». (À mon âge, à cette époque, oui, on disait « bêtises ».)

J'ignorais tout du déroulement complexe de la tragédie de Dunkerque, avantage décisif quand on émet un jugement qu'on n'a pas raisonné soi-même. C'est alors que je reçus, arrivée à toute volée par mes arrières, une formidable paire de gifles. La gifleuse, une demoiselle du Boucheron, allait poursuivre après ce coup d'éclat une longue carrière de vieille fille excentrique.

12

À mon tour d'évoquer, sous l'angle garçonnet, l'explosion artistique et culturelle qui accompagna l'Occupation. On a beaucoup glosé sur la contradiction de cette France écrasée, muselée, affamée, qui ne cesse de produire des chefs-d'œuvre dans la fermentation d'une vie intellectuelle aussi riche qu'elle fut jamais. On invoque des précédents incertains, notamment celui du Grand Siècle, où les contraintes de toute sorte n'étouffaient pas le génie. On a souvent dit que *l'oppression stimule*, par les ruses, les détours et les contorsions qu'elle impose. Mais les contre-exemples abondent, sans chercher plus loin que la stérilité de la France de Napoléon, de l'Allemagne d'Hitler, de la Russie de Staline. Le mystère s'épaissit lorsqu'on considère que les talents sont pendant l'Occupation presque unanimement du côté du conformisme, voire de la collaboration engagée, au mieux du plus cauteleux attentisme. On est loin des vaticinateurs solitaires et maudits du siècle précédent. La France officielle a rejoint celle des arts et lettres. Littérature, théâtre, cinéma fleurissent dans les salons et les salles où pullulent les officiers verts.

J'étais foudroyé d'admiration et je garde le souvenir de quelques éclairs.

« Je me plains à vous, je me plains à vous, Seigneur ! Je me plains à vous, je me plains à Dieu ! »

Ainsi parle l'Infante de Navarre, qui « marche avec un poignard enfoncé dans (son) cœur » : Don Pedro, Infant de Portugal, son promis, la trahit avec Inès de Castro, la « Linda Inès » de Camoëns, qui deviendra la *Reine morte*. Jean Yonnel prête sa voix sépulcrale au roi de Portugal, père de l'infidèle Don Pedro. Il fait tuer Dona Inès dont la liaison avec Don Pedro fait obstacle à sa politique, après un long dialogue où elle réussit à se faire aimer du vieux lion. « Pourquoi est-ce que je la tue ? » dit-il, trop tard pour arrêter le bras des assassins, auxquels son fils, devenu roi à son tour, fera arracher le cœur (« Tu verras ton propre cœur ») devant le cadavre d'Inès attaché sur le trône.

Salle de Chaillot, la célèbre réplique : « En prison pour médiocrité », était prise pour une allusion politique par le public soulevé d'enthousiasme. Gaullistes et collaborateurs applaudissaient à l'unisson ce qu'ils croyaient être une condamnation de Vichy, Pétain & Cie, les uns pour trahison et les autres pour tiédeur dans la germanophilie. C'était ne rien comprendre à Montherlant, tragédien du mépris, mépriseur universel. J'en suis resté perclus pendant des semaines, à parler bronze comme Jean Yonnel malgré mes pas encore quinze ans.

Du même, il y eut *Le Fils de Personne*, joué par Henri Rolland et Michel François. Le fils de cette Personne-là, c'était toujours le même ado de sexe incertain qui hante Montherlant, et que la puberté fait choir à l'état d'homme fait, en anéantissant sa séduction. Il pleut, il pleut, berger, rentre tes blancs boutons.

Et puis il y eut le *Soulier*. « Ça *fait* chef-d'œuvre », dit un plaisantin, cité par Charles Dantzig dans son *Dictionnaire égoïste de la littérature française*. Ce *Soulier* illustre l'historicité de l'admiration. Toute admiration date. C'est ainsi que nous aimâmes *Le Soulier de Satin*. Drame injouable, illisible, d'une emphase cagote à tuer pape, d'une longueur induisant la narcolepsie (quatre ou cinq heures), que nous allâmes voir et revoir en joyeux petits hoplites de l'ennui, à la Comédie-Française non chauffée et éclairée à la lumière du jour faute d'électricité. Que d'élégantes vareuses vertes parmi le velours rouge de la salle ! Le nom de l'héroïne logorrhéique, Prouhèze, est celui d'un restaurant connu en Aubrac. Ah ! l'Aubrac, ses drailles, ses burons, ses fromages, ses vaches d'estive à la robe fauve et aux cornes en lyre. Voilà un beau sujet.

Hamlet, vieux de trois siècles et demi, n'était pas précisément une découverte. Mais son interprétation par Jean-Louis Barrault à la Comédie-Française fit date. Par chance, il était complètement à contre-emploi. Noiraud, vibrant, frénétique, maigrelet à profil d'aigle et mollets de coq sous les chausses de satin noir, il faisait aussi peu danois que possible. Pourtant, en gentilhomme philosophe de la Renaissance déchiré entre la pensée et l'action, en tacticien joueur d'échecs dans la partie mortelle qu'il joue contre son beau-père, Barrault emportait l'adhésion. Grâce à lui, je vécus avec Hamlet pendant des mois. Je m'acharnai à comprendre les énigmes textuelles restées sans solution jusqu'à ce jour. J'inventai des traductions en pestant contre les traducteurs. Infidèles traducteurs ; traîtres qui ne saviez pas l'anglais.

On produisit à la Comédie-Française une *Phèdre* mémorable, avec Marie Bell dans le rôle-titre. Il était déjà à la mode de vouloir que Phèdre fût une toute jeune femme « tremblante pour un fils qu'elle n'osait trahir », et Bell était un peu trop mûre, mais sa détresse n'en était que plus poignante. Maurice Escande était Thésée, avec une voix à réveiller les monstres marins, et Jacques Dacqmine jouait Hippolyte avec une innocence massacrée :

« Quelques crimes toujours précèdent les grands crimes. »

Alain Laubreaux, critique théâtral de *Je suis partout*, flamboyant organe de la collaboration surnommé « J'essuie partout », n'avait pas aimé cette Phèdre. Il trouvait que le décor de Jean Hugo, petit-fils de Victor, ressemblait à de la mortadelle. Cette facétie le sauva du peloton. Il est vrai que les colonnades du palais étaient roses avec comme des infiltrats de graisse blanchâtre qui toutefois ne nuisaient pas à la splendeur du texte.

Sartre fit jouer *Les Mouches* en 1943. Il y fallait l'accord de la censure allemande, ce qui fait douter que ce parfait exemple de littérature d'agrégé, drame à thèse d'un Ibsen sans le pathétique ou d'un Shaw sans la drôlerie, Eschyle et Sophocle revisités par les diptères, était, si l'on ose écrire, une pièce de résistance, où les mouches bourdonnaient comme un remords sur ces charognes de collabos.

À propos, sait-on ce que Beauvoir, qui nous a emmerdés pendant quarante ans sur le thème de l'engagement en essayant, comme on dit, de nous culpabiliser, écrivait en janvier 1944 à son « cher petit être » de Sartre ? Qu'elle ne pensait qu'à perfectionner son christiania aval ! Le ciel était bleu sur la neige. Il est plaisant d'imaginer que c'était dans les Vosges[1]. À quelques kilomètres de là, au camp de concentration du Struthof, un enfant juif périssait, découpé à coups de pelle-bêche par un adjudant SS. Simone attachait ses lanières. Elle avait pris un petit déjeuner de racahout des Arabes avec une tartine de pain sans ticket enduit de maltofruit ou de springaline. Les mères juives d'à côté auraient donné vingt ans de leur vie pour faire goûter un peu de ces friandises-là à leurs enfants qui mouraient de faim, les bras comme des fils de fer d'où pendaient des lambeaux de peau grise, les yeux immenses et chassieux dévorant ce qui leur restait de joues, le ventre gonflé par la cachexie terminale. Heureusement, l'adjudant SS veillait

1. En fait, c'était à Morzine.

avec sa pelle-bêche, prêt à abréger les souffrances de l'enfant, pendant qu'à distance de cri Simone s'élançait sur la piste ensoleillée afin d'y perfectionner son christiania aval.

Et elle nous a ensuite traînés dans la boue, avec son cher petit être[2], pendant quarante ans ! Elle nous a fait honte de notre mauvaise foi ! Elle nous a reproché les accommodements par lesquels nous aliénions notre liberté dans des structures qui nous chosifiaient ! Elle nous a craché à la figure le mépris que lui inspirait notre asservissement à l'ordre du pratico-inerte ! Elle a pris sous son bandeau des airs de religieuse inspirée ! Quelques mois après, les Américains qu'elle haïssait sans les connaître libéraient ceux des enfants juifs qui avaient par miracle échappé aux pelles-bêches. Elle avait 36 ans. Philosophe de profession, sa futilité aveugle exonérait notre innocente stupidité d'enfants. Encore n'avons-nous jamais donné de leçons de morale et d'engagement.

Au début de 1944 fut créée *l'Antigone* de Jean Anouilh, qui sembla d'une originalité fabuleuse. Imaginez, à cette

2. Sartre, qui en retour l'appelait « castor » (en anglais *beaver*, approximation de Beauvoir).

époque, Sophocle en queue-de-pie et cravate blanche, sur fond de toile noire. Antigone portait le deuil de ses frères en robe de soirée 1940. Dans ma naïveté, je pris ça pour du génie. Mon ami juif de génie fit prompte justice de cet enthousiasme. Il mit la pièce en pièces. Il avait raison, comme toujours : Anouilh n'est rien à côté du vieux maître grec. Ça pue le procédé. La fausse familiarité. L'argot. Le côté bonhomme du tyran. Les flics en imperméable. La Grèce *noire*, elle dont Giraudoux disait que c'était « un tas de chèvres et de rois répandus sur du marbre ». J'ai marché comme tout le monde, et il y avait du monde, car ce fut, peu de temps avant la Libération, un phénoménal succès. Phénoménal *et* futile. Aujourd'hui, la relecture est insoutenable. On a une impression de langage bébé plaqué sur le mythe grec. « La petite Antigone sait qu'elle va mourir. » Bien sûr, gros bêta ! Et le tyran qui est sympa parce qu'il est réaliste, franc, carré. Et la petite Antigone qui pleurniche ses grands principes. Tout ça sonne la ferblanterie et le plastique. Sans compter que, depuis la modernisation des chefs-d'œuvre, c'est devenu un cliché. On met les méchants du théâtre classique à la sauce nazie, on joue Shakespeare en costume de policiers de la RDA.

J'ai mes doutes quant à l'utilisation consciente du film de Clouzot *Le Corbeau* (1943) par la propagande allemande pour montrer la pourriture française, qui n'avait pas besoin de démonstration. C'était l'époque où les dénonciations affluaient par *millions* aux Kommandanturs. Je ne crois pas davantage que Clouzot ait, à l'inverse, eu une intention satirique à l'égard de Vichy en peignant une ville déchirée par les lettres anonymes, qui étaient bien avant la guerre, et sont restées depuis, un passe-temps national. Clouzot voulait, en quelque sorte, faire son *Main Street*[3] français et décrire les hideurs de l'hypocrisie et de la médisance en utilisant de magnifiques acteurs, tous inquiétés à la Libération pour avoir prêté leur art à ce qui fut blâmé comme une œuvre de collaboration avec l'occupant. Qui connaît encore les noms de Pierre Fresnay (séduction de gentleman), Ginette Leclerc (sex-appeal à porte-jarretelles et grosses lèvres), Pierre Larquey (faux naïf matois et inquiétant) ? Allez, au trou pour cause de talent.

Il y eut aussi une série d'excellents polars intimistes et glauques, avec mecs à casquette et criminels qui faisaient semblant de rien, où Fresnay démêlait les énigmes avec

3. Célèbre roman de l'écrivain américain Sinclair LEWIS, paru en 1920.

un sourire aussi énigmatique que les énigmes et une voix de petit marquis en incarnant l'infaillible M. Wens, dont le nom complet, inévitablement à coucher dehors, était Wenceslas Vorobeitchik. Un peu trop slave pour la propagande allemande. Au trou quand même dans la France libérée.

Une place spéciale revient à *L'Éternel Retour*, de Jean Delannoy et Jean Cocteau dont le passage à la télévision il y a quelques années – vers son quarante ou cinquantième anniversaire – a été fatal à sa mémoire. Ainsi exhumée, la chose se révéla grotesque de part en part, entre hiératisme médiéval et anachronismes provocateurs (ah, les pulls jacquard de Jean Marais-Tristan, ah, la chevelure platinée de Madeleine Sologne-Iseult), dialogues à la fois plats et guindés, et clowneries du nain Piéral – le nain est méchant, que pouvait-il être d'autre ? Un malentendu politico-culturel naquit autour du film, auquel, à la Libération, on reprocha son *nordisme* germanisant, qui passa pour une flagornerie à l'égard de l'occupant. Accusation farfelue, puisque le cycle de Tristan, d'origine bretonne, est aussi celtique que *La Table Ronde*. Qu'importe ! Jean et Madeleine, allez, ouste, au trou pour blondeur.

Les garçons de mon âge étaient à mille lieux de ces arguties, occupés qu'ils étaient à tenter désespérément de s'identifier à Tristan dans sa passion pour Iseult en prenant des poses sur polochon (on se couche pour coucher) et l'allure à la fois lourde (la cuirasse) et élastique (la musculature) des chevaliers errants.

Paris était noyé sous un flot de musique. Les salles de concert étaient pleines, et très vertes. Mes parents, mélomanes passionnés, m'y emmenaient souvent. J'inondais mon oreiller de larmes en me rappelant avant de m'endormir mes mélodies préférées, tristes de la tristesse que j'y mettais. Ainsi de l'ouverture de *Coriolan*, qui me plongeait dans une mélancolie que ne justifient pas les rancunes du vieux soldat. Ainsi l'Adagio de la *9e Symphonie*, que je ressens encore aujourd'hui comme le souvenir désespéré d'une enfant morte, alors que l'œuvre dans son ensemble est plutôt du genre boum-boum. Ainsi, ainsi, ainsi… Mozart lui-même était triste, et Bach le Kantor, ne fût-ce que par l'évocation d'une grâce à jamais disparue. L'enfance est l'âge des sanglots, toute belle musique est sanglot, et tout sanglot rend la musique belle.

LA VICTOIRE DES AUTRES

1

L'attaque allemande contre l'URSS avait momentanément secoué mon désintérêt. « Ils sont foutus », avait dit avec jubilation mon père, qui connaissait bien l'histoire de Napoléon ; il entreprit de marquer avec des punaises la ligne de front sur une carte. Évidemment, il fallut déchanter lors des succès initiaux de l'armée allemande : les punaises n'en finissaient pas de battre en retraite. Pourtant, nous ne perdîmes plus jamais la certitude d'une défaite finale et complète du Reich. C'était un axiome que l'invincibilité des Russes, de la steppe russe, de l'hiver russe. Staline, trop près de la bataille pour l'embrasser en historien, fut un des derniers à s'en convaincre comme le montre entre autres son insistance inlassable pour l'ouverture par les Alliés d'un « second front » à l'Ouest, alors qu'il avait partie gagnée et qu'un succès des Alliés l'empêcherait de communiser l'Europe entière. Presque jusqu'à la fin, en proie peut-être à la terreur atavique qu'inspiraient à l'est les *nemetsy*, les « muets », ces Teutons qui ne parlent pas russe, Staline croyait encore moins à sa victoire qu'Hitler à sa propre défaite. Le pragmatisme le plus épais peut se tromper aussi lourdement que l'idéologie la plus forcenée.

Pour avoir l'information courante, on écoutait Radio-Paris, voix de l'Allemagne en français, que brocardait une chanson :

« Radio-Paris ment,
Radio-Paris ment,
Radio-Paris est allemand… »

Mais, chaque soir, on prenait en famille la radio britannique, qui donnait – avec sa dose de propagande – des nouvelles à peu près véridiques de la guerre. Cela commençait par une séance de boxe avec le poste de radio, dont les réglages capricieux et la connectique volage, mis à mal par une électricité de mauvaise qualité, se mêlaient pour la rendre inaudible au brouillage officiel créé par une sorte de crécelle musicale. On ne peut en transcrire la partition, mais sa mélodie sinusoïdale, fabriquée par les menteurs aux ordres, annonçait une parole libre, ainsi :

… **da da** da DA **DA DA** DA da **da da…**

« Les Français parlent aux Français. »

C'était, à travers le brouillage, la voix inimitable de Maurice Schumann, issue de cornets nasaux particulièrement caverneux, qui portait loin et fort le message de la patrie. Le fait qu'il semblât en proie à une sinusite chronique en accentuait la prégnance. « Aujourd'hui, trois cent quarante-septième jour de la LUTTE du peuple FRANÇAIS pour sa libération… »

Hormis l'invincibilité soviétique, éclatante à partir de Stalingrad, il fallut attendre environ le millième jour pour entendre poindre des nouvelles concrètes de victoires dans les cornets sonores de Maurice Schumann. C'est l'orgueil de la Grande-Bretagne que de gagner les guerres en ayant l'air de les perdre ; les Français, ne pouvant vaincre que par procuration, n'avaient d'autre ressource que d'en rajouter sur l'optimisme glorieux.

On est surpris, rétrospectivement, du peu d'informations de Londres sur les atrocités allemandes. Il est à peine exagéré de dire que le public français, pourtant massivement auditeur de la radio anglaise, ne savait *rien*.

Rien sur les camps, rien sur la chasse aux juifs, rien sur les villages massacrés. On ne croyait pas les menteurs, mais on n'apprenait rien de ceux qui disaient la vérité. Le silence est impossible à démentir. Personne n'entendit l'appel du 18 juin 1940. Il n'est pas sûr que cela le desservit.

Ce serait méconnaître mon père de croire, absorbé par la *matérielle*, qu'il regardait sans agir passer le train de l'Histoire. Son meilleur ami, André M., polytechnicien goguenard et fortuné, s'était fait connaître en 1941 par un essai intitulé *Dominer notre défaite*, où d'irréfutables raisons étaient mises au service d'une conclusion absurde tendant à soutenir le maréchal Pétain. Une décision absurde n'est pas rendue moins absurde par la révélation tardive de son absurdité : l'Histoire ne connaît ni retour, ni pardons. Mais André M. eut, si j'ose dire, la chance d'être déniaisé par la disparition direction Dachau, via Drancy, du mari de sa fille unique et chérie, résistant victime d'une trahison. André M., devenu résistant sur les ruines de sa famille dévastée, créa pour se venger un petit réseau d'assistance aux aviateurs alliés abattus. Il y entraîna mon père, anglophile autant qu'anglophone, qui se chargea de fournir nourriture, journaux, livres et – très dangereux – quelques vieux postes de radio. Je ne savais rien jusqu'au jour où, incroyable imprudence, il me demanda de l'accompagner dans une mystérieuse corvée dont il ne me révéla qu'après coup la nature, sous le sceau de la plus totale discrétion. Je pris la chose comme une variété de jeu scout sans comprendre que la punition de ce crime anti-Allemand n'était autre que la mort, d'où mon manque d'émotion.

Les murs se couvrirent d'affiches représentant une carte d'Italie et un escargot. La légende était en anglais: *« It's a long way to Rome. »* Les auteurs voulaient se moquer de la lenteur des troupes alliées, débarquées en 1943, à conquérir la péninsule. Le mystère demeure: comment la *Propagandastaffel* – l'administration allemande de propagande – qui mesmérisa tout un peuple jusqu'au naufrage final, composée de gens intelligents formés à l'école de Goebbels, avait-elle pu inventer un slogan sous-entendant que l'Italie finirait par être conquise, et donc les Allemands par être vaincus? Mes camarades et moi, pourtant restés insouciants des enjeux, nous nous tenions les côtes de rire en passant devant les affiches. L'escargot et son sous-titre anglais nous réjouissaient par leur inanité.

C'est environ ce temps-là que je rédigeai une sorte de mémo à usage familial sur la situation militaire et politique. Ce fut le seul écrit patriotique qui soit jamais tombé de ma plume. Il n'était pas du genre galvanisateur. Entre les titans qui s'affrontaient en Italie et en Europe orientale (j'oubliais le Pacifique, dont nous ne savions rien), je soutenais que l'insignifiance de la position de la France était comparable à celle du Portugal. Cher Portugal, pardon ! J'ignorais tout alors du Portugal, de son climat doré, de ses îles doucement noires, et de Camoëns qui chanta « Linda Inès », la Reine morte. Je ne pensais qu'à la puissance militaire : je refusais le Portugal, j'abominais l'insignifiance. Il me fallait Napoléon, ou au minimum Foch. Au lieu de quoi, nous avions eu Gamelin, nous avions l'amiral Platon. Ainsi s'égarent les jeunes garçons humiliés par la honte nationale. D'où un nihilisme absolu qui m'empêchait, disais-je, de choisir entre les camps. Cette position absurde fut réfutée en termes corrosifs par une réplique écrite de mon père, qui la répandit dans le cercle familial auprès de ceux qui auraient été tentés de partager mes vues.

Je n'ai aucun souvenir du fameux voyage de Pétain à Paris au printemps de 1944. Une chose est sûre, nous nous en moquions, et ma famille ne participa en rien à ce qui fut présenté, pour s'en réjouir ou le déplorer, comme un triomphal bain de foule. C'est au point de faire douter, aujourd'hui encore, de la portée de cet événement, sinon de sa réalité.

Nous autres lycéens préparions en bons petits élèves ce qu'on appelait alors « le premier bac », sans équivalent aujourd'hui. L'approche du débarquement allié, que chacun pressentait, donnait à la chose une atmosphère de grandes vacances. Les oraux ayant été supprimés en raison des circonstances, l'examen allégé ne comportait plus que les épreuves de français, de latin, de grec et d'anglais ; histoire et géographie étaient, au soulagement de tous, passés à la trappe. Quelques jours avant le début des épreuves, je tombai malade de la coqueluche, affection que je croyais 1) bénigne et 2) réservée aux petits enfants. Double erreur ! Elle fut d'autant plus agressive que j'étais un vieux coquelucheux de presque seize ans, sans doute affaibli par les privations. Je toussais avec des quintes à vomir et un chant du coq à ébranler les cloisons, signature suffocante et sibilante de la maladie. Le matin même de la première épreuve, mon père, qui ne doutait de rien, vint s'asseoir sur mon lit et me dit : « Tu es malade. Bien. Tu as le choix entre aller quand même passer ton bac coûte que coûte, ou rester au lit et gâcher complètement tes vacances en préparant la session d'octobre (celle des absents et des recalés de peu). Vas-y, je suis sûr que tu t'en tireras.» Ce discours m'électrisa. À défaut de l'autre, j'avais l'héroïsme scolaire. Outre la crainte d'être expulsé à cause du bruit, j'exprimai mes scrupules à contaminer mes condisciples avec les milliards de germes que mes quintes ne manqueraient pas de projeter dans la salle d'examen. Mon père me convainquit de m'asseoir sur mes états d'âme, et je partis, flageolant et quinteux, par le fameux autobus S de Raymond Queneau[1] alors à gaz, pour la rue de l'Abbé-de-l'Épée où je récoltai des lauriers qui ne me parurent fabuleux que jusqu'à ce que fussent connus les faits d'armes de Normandie.

Le Débarquement, en effet, survint quelques jours plus tard, peu de temps après qu'un oncle, amiral de son métier, donc anglophobe par destination, eût affirmé en famille que tout débarquement allié sur le continent était «une impossibilité technique». Le 6 juin 1944, mon père prit plaisir à appeler l'amiral pour lui demander où en était son «impossibilité technique». Malheureusement,

1. In *Exercices de style* (Gallimard).

les téléphones de l'époque (indifférents aux coupures de courant, car alimentés par batterie) étaient dépourvus de fonction haut-parleur et je ne pus entendre la réponse. C'est de là que date ma méfiance des experts.

Je fus convoqué au Concours général de français, plus ouvert que celui d'avant-guerre car les écoles privées y participaient (réforme Pétain oblige). Rétrospectivement, la chose est hallucinante. À deux cents kilomètres de nous se jouait la plus grande bataille de l'histoire, et (on le comprit plus tard) l'avenir de la liberté en Europe, qui dépendrait de l'endroit où les Alliés feraient leur jonction avec les troupes soviétiques. Et nous étions là, sages comme des images, alignant des bataillons de mots bleus sur le sujet suivant d'une irréalité que démentaient les coups de canon :

« La Bruyère a écrit : "Le plaisir le plus délicat est de faire celui d'autrui" ; et Verlaine : "Allez, rien n'est meilleur à l'âme / Que de faire une âme moins triste." En commentant ces textes vous montrerez l'unité de la pensée, malgré les nuances de sensibilité qui les séparent, entre le moraliste du XVIIe siècle et le poète du XIXe. »

Je n'aime pas me rappeler mes écrits de jeunesse, mais celui-là, qui reçut le premier prix, remporte avec facilité la palme de la grandiloquence futile. J'y délabyrinthais la différence entre le vil utilitarisme de La Bruyère, où la charité ne vaut que par le plaisir qu'on en tire, et la brumeuse délicatesse de Verlaine, qui n'est qu'âme et mélancolie. Quel ange devenait sous ma plume le Pauvre Lélian[1], qui jeta son bébé contre un mur dans une colère d'ivrogne, essaya d'étrangler sa mère, et devint en l'entretenant le bardache de Rimbaud !

Sans la moindre arrière-pensée politique, j'allai jusqu'à glisser une pointe contre les épanchements solidaristes de Vichy (invention du régime qui, parmi d'autres, survécut pour nos péchés). Soixante et onze ans plus tard, je veux croire que cette flagornerie involontaire à l'égard des futurs vainqueurs n'a joué aucun rôle dans le choix du jury.

---

1. Anagramme de « Paul Verlaine », utilisée dans son cercle d'amis.

2

Les vacances furent aussi étranges que celles de 1940. Dès le début de juillet, la percée alliée était acquise et la libération de Paris apparaissait certaine et proche. Le métro déjà rationné s'arrêta faute d'électricité. Les journées se passaient chez les copains, ou en confabulations au Parc, au cours desquelles les événements persistaient à ne tenir aucune place. Mon père m'emmena aux Champs-Élysées regarder s'en aller l'armée allemande. Installés à la terrasse d'un café devant nos limonades aux édulcorants, nous contemplions le spectacle qui reproduisait à l'envers celui de juin 1940. Les jeunes et beaux Allemands d'alors, empanachés de feuillage comme des dieux agrestes, avaient beaucoup vieilli. Ils étaient devenus ces demi-clochards en haillons conduisant des carrioles à cheval remplies d'objets hétéroclites. Des heures passèrent à savourer cette revanche où nous n'étions pour rien. Les Russes, certes, avaient encore du grain à moudre : ils étaient assez loin pour rester des alliés et pas encore assez près pour devenir des ennemis. Ouf ! Nous allions devenir américains et non soviétiques.

Les rues furent parcourues par des tractions avant noires, portant sur leurs ailes des gars à brassard munis de fusils. Quelques tirs recommandèrent aux badauds de rester chez eux. Pourtant, à aucun moment ne fut perceptible le moindre signe d'un soulèvement populaire, dont la célébration *a posteriori* relève d'une pieuse légende. *L'Humanité* reparut semi-clandestinement avec cet appel en pleine page qui, selon les convictions, fut jugé héroïque ou dérisoire : Métallos parisiens, aux armes ! On pouvait se demander pourquoi les métallos étaient ainsi sélectivement interpellés. Ils devaient être d'un métal prédestiné.

Le seul risque que j'aie personnellement couru en ces temps mouvementés ne fut nullement un motif de gloriole, mais de honte. Honte riche en enseignements, car elle concernait moins le fait lui-même que l'inconscience avec laquelle je m'étais exposé à ses conséquences. J'appris en un instant que seul compte ce qu'on a fait et non ce qu'on a voulu. Les événements m'arrachaient au mol édredon des intentions pour me précipiter dans le désert glacé des responsabilités.

Peu de temps avant la Libération, sur les instances d'un camarade que j'appellerai ici Tertium Quid par discrétion, je me laissai embaucher dans les Équipes nationales pour aider quelques bombardés de banlieue à remettre de l'ordre dans leurs logements dévastés. Peu importe quelle banlieue, mais il y avait des dégâts, trop, il faut le dire, pour que sa hideur fût encore perceptible. Je ne remarquai pas que l'uniforme bleu marine dont on nous avait affublés ressemblait curieusement à celui de la Milice, vareuse et béret compris. C'était caritatif, mais mal déguisé. À la dégaine et au langage de certains secouristes, notamment d'un jeune enrhumé dont je me rappelle encore la longue morve, je compris sur site, comme on dit aujourd'hui, que ces Équipes nationales surgies de nulle part, sans mandat d'aucune autorité, étaient un recyclage *in extremis* des formations dont il ne fallait plus faire partie, rassemblements collabos et Milice.

La chose tourna au mieux. La Libération eut lieu quelques jours après mes déménagements de gravats entre les cratères de bombes. Je fus à deux ou trois reprises commandé de service, revêtu du costume maudit, pour *faire* l'interprète et le guide d'accueil auprès des Américains à l'ancienne barrière d'octroi de la porte Maillot. Cet auxiliariat me blanchissait. Compte tenu de l'ambiance d'alors, et malgré la présence des soldats de la liberté, il me semble aujourd'hui l'avoir échappé belle. Les tribunaux populaires s'étaient saisis de la justice pénale et avaient le peloton facile. Même à seize ans, on était gaiement fusillé pour des broutilles moins blâmables que le port d'un béret bleu marine.

Mes parents m'avaient laissé faire sans même demander où j'allais. Qu'on ne dise plus que l'éducation catholique était un carcan. Mon exécution manquée prouve qu'elle était beaucoup trop libérale. On ne me reprendrait plus à balayer chez les pauvres.

Quant à Tertium Quid, il s'est, depuis, porté le mieux du monde.

3

Il devint carrément imprudent de sortir, ce que la curiosité et l'ennui nous avaient poussés à faire jusqu'à l'inconscience. Même aller au Parc discuter littérature était dangereux. Qu'y avait-il dans les buissons, derrière les coins de rue ? Entre quelques gaillards gonflés dans leur brassard et ce qui pouvait rester d'Allemands encore vindicatifs, on risquait maintenant d'être pris entre deux feux.

Rien n'est plus gai que de jouer au Monopoly pendant une guerre qu'on ne fait pas. Le Monopoly d'ailleurs, malgré la francisation des noms de rues permise par son éditeur Miro Company, était, comme à peu près tout ce qui est génial, une invention américaine, donc absolument dans le vent de l'époque. Je n'avais sous la main, comme adversaire, outre un occasionnel petit-cousin du voisinage, que ma jeune sœur alors âgée de onze ans. Elle était éveillée pour son âge mais n'avait pas le sens des affaires. J'utilisais pour la plumer commodément une méthode à l'abri des faillites, bien rodée depuis que j'avais appris à jouer, environ 1936. Ce n'est pas une martingale – il n'y en a pas au Monopoly – et elle suppose un peu de chance aux dés, mais les champions n'en emploient pas d'autre, avec au plus quelques variantes. Voici :

1) Consacrer d'abord toutes ses liquidités à acheter les terrains pas chers dans les quartiers moches, violet (Lecourbe) ou bleu ciel (République), à la rigueur mauve (Paradis), en négociant le plus tôt possible échanges ou achats amiables pour obtenir le quartier complet qui permettra de construire. La géographie sociale de Paris était implacable. Ouest : riche ; tous autres quartiers : pauvres. Comme nous plaignions les miséreux du violet, les miteux du bleu ciel ! Comme nous enviions les nababs et les rastaquouères du bleu marine ! Le Monopoly était une promenade charmante entre les jalousies et les haines qui coloraient les rues de Paris.

2) Construire à tour de bras les maisons les moins chères, en concentrant l'effort en vue d'édifier rapidement des hôtels (un hôtel vaut cinq maisons). On savait déjà que les hôtels garnis pour prolétariat souffrant étaient

une mine d'or. Au besoin, s'endetter à fond en hypothéquant les terrains non bâtis ou inconstructibles (c'était avant les *subprime*) pour financer la construction. Vendre aux enchères ou à l'amiable ce qui n'est pas construit, en évitant toutefois que les concurrents n'obtiennent le quartier complet qui leur permettrait de construire.

3) Les revenus affluant, profiter de la première faillite pour acquérir un quartier cher. Construire à tour de bras, etc.

Le secret est de prendre les concurrents de vitesse. *Audaces fortuna juvat*, comme dirait Bernard Tapie s'il savait le latin.

J'étais ce jour-là en bonne posture, trois hôtels sur quartier bleu ciel (moche), huit maisons sur quartier violet (très moche), ma sœur s'étant empêtrée sur Henri-Martin, très chic et impossiblement cher. J'étais sur le point de lui extorquer le troisième terrain qu'elle détenait dans le mauve (moyen moche) alors que j'avais les deux autres. Je m'apprêtais, pour l'allécher, à lui offrir une prime de 50 % par rapport au prix affiché, lorsqu'une formidable détonation ébranla ma chambre, tellement proche qu'elle nous parut provenir de la pièce d'à côté. Je n'avais jamais entendu une arme de guerre de si près. Une cavalcade se fit entendre dans l'escalier ; on tambourina à la porte, et deux civils armés, à qui nous ouvrîmes naïvement, nous demandèrent si nous cachions quelqu'un. Nous ne saurions jamais à quel camp ils appartenaient, ni d'ailleurs d'où venait l'homme du coup de feu, car les tireurs de toit des deux bords, qu'on n'appelait pas encore « snajpers[1] » commençaient à exercer leurs talents. Nous reprîmes notre partie de Monopoly, que je gagnai grâce au quartier beige (Saint-Michel, milieu de gamme).

Le tintamarre ne s'arrêta pas là. L'appartement familial était situé à un pâté de maisons de la rue de Courcelles, où un char allemand (Panther ou Tigre, peu importe) était arrêté près du carrefour Wagram. Des petits malins avaient abattu les arbres de la place Pereire (aujourd'hui place du Maréchal-Juin), à cinq cents mètres de là, pour s'en faire une barricade. Or, à aucun moment, en nul lieu, et compte tenu des effectifs insignifiants de la prétendue insurrection, la libération de Paris n'eût pu donner lieu à une guerre de barricades. Il s'agissait donc d'un pur symbole, d'une réminiscence en quelque sorte littéraire de la révolution de 1848

1. Serbo-croate, de l'anglais *sniper*, tireur caché.

et de la Commune, qui soulevèrent des foules d'une tout autre ampleur.

Le commandant du char allemand fit mine de prendre l'affaire au sérieux puisqu'il entreprit de bombarder la place Pereire située en enfilade droit devant lui. Il eut l'imprudence de laisser sa tourelle ouverte, peut-être à cause de la chaleur. Nous comptions les coups pour passer le temps, avec quelques curieux qui battaient en retraite à chaque tir derrière le coin de la rue. Le comportement consistant à s'abriter après coup, puis à aller regarder le coup suivant sous le nez, faisait pertinemment pendant à l'inanité de la barricade. Le char explosa. Un malin plus malin que les autres, pas maladroit de ses mains, avait balancé d'une fenêtre un cocktail Molotov dans la tourelle ouverte.

Les fantaisistes firent place aux gens sérieux. Nous entendîmes au téléphone, transmis par des parents qui habitaient aux premières loges, le défilé retentissant des chars de Leclerc. C'était épique, grandiose, mon désintérêt et ma frivolité fondaient à vue d'œil. La normalité monstrueuse de la vie faisait place à l'entrée en scène de l'Histoire. Je revins seul de l'immense manif des Champs-Élysées, que nous avions rejointe en famille.

Place des Ternes, où j'allai en voisin pour voir et toucher *mes* premiers Américains dans leurs GMC, je fus accueilli par une fusillade partie des toits, à laquelle les mitrailleuses 12.7, cherchant l'ennemi en tournant sur leurs arceaux, répliquèrent avec le vacarme de leur énorme calibre. Je me retrouvai à plat ventre, le nez contre l'asphalte, erreur instinctive puisqu'un corps couché offre davantage de cible à un tir de hauteur. Quand la fête fut finie, j'allai échanger avec les soldats mes premiers mots anglais opérationnels. Je fus aussi stupéfait de comprendre que d'être compris.

La comparaison avec les conquérants de 1940 était étrange. Un débraillé subtil donnait aux nouveaux venus une sorte de félinité qui tranchait avec la musculature figée de leurs prédécesseurs. Les Allemands du solstice de juin 1940 sentaient le savon de ménage, les Américains et les Français du plein été 1944 sentaient le savon Palmolive. Le chewing-gum succédait au *Bratwurst*. Les casques américains épousaient avec fluidité la morphologie du crâne alors que ceux des Allemands la contraignaient à angles vifs dans une sorte de chaudron. Quel contraste avec la bourguignotte en fer-blanc des troufions français de la défaite, dont la vulnérabilité était soulignée par une sorte de renfort en relief rapporté sur la coiffe !

Nous parcourions les rues à la recherche de militaires que nous pourrions inviter à déjeuner. Le mot « déjeuner » était d'ailleurs fortement exagéré. Depuis des semaines, les restrictions alimentaires avaient tourné à la disette, et il n'y avait plus ni gaz ni électricité. On faisait cuire de misérables frichtis sur un réchaud à papier composé d'une sorte de tuyau de poêle en tôle ajourée monté sur un trépied. Nous fabriquions en famille le combustible en papier mâché. J'encourageais mes parents et mes sœurs en leur récitant des vers. Ils étaient plus habiles que moi à la confection des boules. On mangeait tiède car les journaux paraissaient sur une feuille et nous n'avions pas le cœur de brûler des livres.

Le premier soldat qui accepta notre invitation fut un officier canadien, le capitaine Mc Allister. Le Canada étant une nation ambiguë, à la question de son appartenance, il répondit : *« I'm first Canadian, second American, and third English*[2]. » Il y avait à déjeuner une boîte de sardines, rarissime et fabuleux délice conservé pour fêter la Libération. Le Canadien mit une simplicité charmante à nous avouer qu'il n'aimait pas le poisson.

2. « Je suis d'abord canadien, ensuite américain, enfin anglais. »

Avec la froideur des vrais hommes d'État, le général de Gaulle s'installa au pouvoir en feignant de croire que Paris s'était libéré lui-même avec le concours de la police, qui avait retourné sa veste au bon moment après avoir loyalement servi Vichy et les Allemands, et à laquelle il attribua l'honneur de la fourragère. Il désarma par l'octroi de quelques maroquins les communistes qui mitonnaient une guerre pour conquérir la France. Ces deux tours de passe-passe lui valurent, de la part des Français des deux bords, une haine inextinguible dont il sut profiter plus tard. En bons Limousins, originaires d'une province ensanglantée par la guéguerre franco-française après l'avoir été par la Division SS Das Reich, nous étions de la minorité qui pouvait se flatter d'avoir compris et approuvé la stratégie du Général.

Courageusement, les libérateurs à brassard s'en prirent aux femmes accusées d'avoir fréquenté des Allemands. On ne saura jamais combien de règlements de comptes se déguisaient sous ces gestes patriotiques. Mais la multiplication des cortèges de femmes tondues, alignées comme des bêtes sous la menace des mitraillettes, attestait l'infortune des maris parisiens. Je fus ainsi le témoin, indirect mais attendri, de l'infidélité des épouses de la plaine Monceau. Le rasoir avait poli les crânes sans abolir la féminité. Parmi les bourreaux des filles de joie, beaucoup étaient d'anciens clients, certains n'étaient autres que les barbeaux qui avaient vécu des ristournes versées par ces malheureuses sur les *petits cadeaux* des soldats allemands.

À peine Paris libéré par les armées française et américaine, notre père jugea que ma jeune sœur et moi manquions d'air pur. Je ne sais sur quoi il fondait ce souci, car l'ennemi s'étant rendu ou enfui après un modeste baroud d'honneur, la poudre n'avait guère parlé ; il n'y avait eu ni destructions ni incendies ; la disparition des voitures et l'absence de chauffage donnaient à l'air de Paris cette qualité mythique qu'on prête à celui de la campagne, pourtant empoisonné par le méthane du lisier et du purin. Toujours est-il qu'il dénicha pour nous un camionneur qui, moyennant quelques doublezons, accepta de nous embarquer avec sa cargaison à destination de Blois, sans avoir le moindre renseignement sur l'état des routes dont certaines avaient été bombardées par les avions alliés. En enfants obéissants, nous montâmes dans le camion, lestés de deux vélos et d'un pique-nique. Rétrospectivement, on ne peut que s'émerveiller de la confiance que se faisaient les Français à cette époque d'immenses batailles, de règlements de comptes et de désordre où l'autorité publique n'était pas encore rétablie en dehors de Paris. Assis dans l'obscurité du compartiment frêt du camion, sans rien voir du paysage ni de la route, nous comprîmes que notre progression n'allait pas sans difficulté lorsqu'on nous pria de descendre à l'occasion du contournement d'un trou de bombe. Le trajet Paris-Blois prit une quinzaine d'heures. Nous arrivâmes au milieu de la nuit chez les cousins qui m'avaient hébergé pendant la *drôle de guerre*, et renouvelèrent à cette occasion l'hospitalité familiale. Le lendemain, chevauchant nos bicyclettes, nous nous mîmes en devoir de rejoindre la maison de nos grands-parents, distante de quarante kilomètres. Passant le Cher sur le pont où j'avais vu quatre ans plus tôt se débander l'armée française, nous fûmes accueillis par des bruits de mitraillettes. À mes questions un badaud répondit que c'était un exercice de tir de la Résistance. Mon grand-père nous donna un autre son de cloche : les Allemands s'étant retirés de la région sans combattre, il ne pouvait d'après lui s'agir que d'exécutions sommaires perpétrées par des Français.

Mon génial juif d'ami créa dès la rentrée de 1944 un journal intitulé *Quartier libre* auquel il m'associa comme pisse-copie et quémandeur de fonds. La périodicité était aléatoire et le financement hasardeux. Les commerces périscolaires du voisinage se fendirent de quelques publicités. La vente au numéro et les subsides familiaux assuraient le reste. Je goûtai pour la première fois la joie d'être imprimé, tempérée par le désespoir de voir d'effroyables coquilles défigurer ma production. Comble d'inconscience politique, mon premier article, alors que la bataille vers l'Allemagne faisait rage, célébrait le retour d'*Antigone* sur la scène du théâtre de l'Atelier, tandis qu'Anouilh essayait de se dépêtrer d'un Comité d'épuration constitué par une collection de talents tout frais qui ne lui pardonnaient pas son succès. Bien qu'il détestât la pièce, mon ami laissa passer le papier dont, pourtant, il ne partageait pas l'enthousiasme. Il avait besoin de moi pour remplir ses quatre pages, que meubla dès le deuxième numéro la version intégrale de ma dissertation du Concours général. Mon innocence fut innocentée par un article à la naïve louange d'Aragon, écrit par ma sœur aînée sous le pseudonyme de Jacques Saintonge, sur quoi je répliquai par deux sonnets d'inspiration virgilienne sous le nom d'Éric d'Aunis.

Le mot de la fin appartient à une dame nommée Augustine Le Barbanchon. Avec un nom pareil, elle ne pouvait être originaire que du Cotentin, plus précisément de son nez où le Raz Blanchard mousse comme du savon à barbe quand le vent souffle contre le courant. C'était notre bonne. Non seulement elle fut blessée par une balle perdue qui la traversa d'outre en outre, mais elle reçut un morceau d'hôpital sur la tête lors du bombardement allemand qui salua la Libération de Paris. À ma mère qui lui disait que la fin des périls approchait, elle répliqua avec un bon sens de granit bas-normand : « Oui, mais si on est tous tués, on voira rien. » Comme nous la complimentions sur son sang-froid, elle répondit : « Je suis tout le temps amochée, mais je meurs jamais. » Et tandis que nous l'assurions de la victoire finale des Alliés, elle observa : « Y zont beau tout libérer, c'est-h-encore moi qui prends tout. »

4

Mon éditeur m'a demandé de conclure sur une note d'action. La parole d'un éditeur est d'évangile.

Voyons ça.

Soyons précis.

Le 27 décembre 1944, âgé de seize ans et demi, encore auréolé d'une mention « Très bien » à un bac qui était autre chose qu'un laisser-passer pour aller glander à l'université, c'est sans doute avec quelque morgue que j'ai fait connaissance d'une sorte particulière de crétinerie, celle de l'expert qui n'y connaît rien.

Tout l'art de l'expert nul réside dans l'autoproclamation. Il affirme, on croit. Il suffit d'y mettre l'accent de la conviction. Celui-là avait du talent. Nous le tenions de la meilleure source : lui-même.

Dans cet hiver glacial, se poursuivaient des assauts contre un résidu de « poches » allemandes ; l'armée française reconstituée participait à l'invasion du Grand Reich. L'expert nul, au lieu de s'engager pour aller mourir au champ d'honneur comme son âge le lui permettait, brandit sa qualité de fils d'un haut personnage du Club alpin français pour organiser une grimpette au sommet du puy de Sancy, point culminant du Massif central, dans les monts Dore. *A priori,* tout devait aller comme une fleur : Club alpin signifiait varappe sur des faces nord à 4 000. « Fils de » voulait dire élève et compagnon formé à bonne école. Peut-être y avait-il eu un certain manque d'entraînement à la suite des restrictions d'accès aux sites montagnards imposées par les Allemands. Mais l'escalade à la française avait survécu tant bien que mal et restait une des meilleures du monde. Quant au puy de Sancy, même en hiver, c'était, d'après l'expert, « montagne à vaches et compagnie, même pas 2 000 ». Tant est-il qu'il commença par faire preuve d'une légèreté criminelle en matière d'équipement. Pas de piolets, pas de cordes, chacun se débrouillerait comme il pouvait en utilisant son propre jugement que n'éclairait aucune expérience. Les filles partirent en jupe. Les collants n'existaient pas encore, les intéressées ignoraient les vêtements de ski (devenus une rareté), elles se contenteraient, les pauvrettes, de leurs pauvres bas d'occupation (avant le nylon) maintenus par des jarretelles incompétentes, de celles dont l'incompétence intéressait tant les garçons. Pas de provisions dignes de ce nom. La France était libérée pour l'essentiel, mais pas la bouffe. Par 10 ou 15 degrés au-dessous de zéro, l'expert nous traitait comme des esquimaux sans phoques. Avant l'ascension, et après une quarantaine de kilomètres à bicyclette sur des routes défoncées, nous dormons dans la propriété campagnarde de ses parents, abandonnée depuis la guerre. Draps raides du gel de leur humidité, réveil sans toilette dans un sinistre matin noir (inutile puisqu'on n'avait pas dormi), re-bicyclette et hop ! Sancy.

Je suis encore étonné d'avoir pu monter jusqu'au sommet, où nous attendait une tempête : l'expert ne s'était pas soucié de la météo. Accroupis sur une espèce de vire, nous discutons la suite en hurlant pour nous faire entendre. Une rafale nous déquille les uns après les autres sur la glace du sommet. Je vois l'expert nul passer devant moi, dévalant la glace comme sur des rails, essayant en vain de se freiner d'un air désespéré. Après lui, c'est mon tour. La rafale me bascule vers l'autre versant. Déséquilibré, je roule sur la pente de neige tôlée comme un rondin schlitté de travers, aveuglé par les éclats blancs que j'arrache au passage. Par chance, je suis le seul – avec l'expert nul – à être à peu près correctement vêtu, knickers, croquenots montants d'avant-guerre et gants de vraie laine. Rebondissant de bosse en bosse, je parcours en quatre ou cinq minutes ce que nous avons mis de longues heures à gravir. La montagne à vaches, finalement, a le caractère de son nom. Arrivé en bas en un seul morceau à ma grande surprise, je hurle comme un possédé à l'intention de mes compagnons, que j'ai perdus de vue dans les replis de l'immensité blanche, et qui ne peuvent pas m'entendre : « Je suis encore vivant ! » Changés eux-mêmes en projectiles par leur propre chute, ils ont d'autres soucis que la mienne.

Bilan : deux blessés graves, et brûlures du troisième degré pour les filles en jarretelles. L'expert nul commet la faute de goût de ne pas se suicider. Il ne porte que lui-même, et regarde comme un con les autres porter son frère sur une civière improvisée avec un manteau et les débris d'une vieille clôture.

Table des matières

Trois siècles..9

Le bon jeune temps 29

Prélude et fugue 105

La paix des lâches 117

La victoire des autres 227

Achevé d'imprimer par
Jelgavas Tipografija,
en juin 2016

Dépôt légal : août 2016

Imprimé en France